COMO EN CASA DE MAMÁ

JOSEP MARIA MAÑÉ
Y CARME JULIÀ

COMO EN CASA DE MAMÁ

LAS MEJORES RECETAS DE LA COCINA CASERA

Ilustraciones de Marta R. Gustems

el forner
de Alella

Grijalbo

Papel certificado por el Forest Stewardship Council®

Primera edición: febrero de 2021

Printed in Spain – Impreso en España

ISBN: 978-84-253-6038-1
Depósito legal: B-19.207-2020

Compuesto por Núria Tremoleda

Impreso en Gráficas 94, S.L.
Sant Quirze del Vallès (Barcelona)

GR60381

A todos nuestros seguidores.
Gracias a ellos hemos podido publicar este libro

ÍNDICE

SEGUNDOS PLATOS

POSTRES Y PASTELERÍA

PAN

MENÚS PARA FECHAS SEÑALADAS

Menú de Pascua

Menú de verbena de San Juan

Menú de Todos los Santos

Menú de Navidad

PRÓLOGO

¡Hola, amigas y amigos!

Hace casi una década, después de trabajar durante cuarenta años de manera frenética, regentando varias pastelerías y panaderías (entre ellas El Forn del Cel, en Barcelona), una fábrica de pan y un restaurante de celebraciones, henos aquí jubilados, con mucho tiempo y ganas de emprender nuevos retos. Un día se nos ocurrió subir a YouTube un tutorial de cómo hacer carquiñoles, y lo que empezó como una mera distracción, que además nos permitía pasar ratos entretenidos con nuestros nietos, acabó teniendo un montón de visitas de personas interesadas en aprender un poco de nuestros conocimientos de cocina. Y así, casi sin planearlo, nació *El Forner de Alella*.

A lo largo de estos años con vosotros hemos ido creciendo, hasta convertirnos en auténticos youtubers. Fuimos finalistas de los premios Vlogger a los mejores youtubers del año 2017 y con mucho orgullo luce en nuestra casa el botón de plata que otorga YouTube en reconocimiento a nuestro número de suscriptores. Nunca imaginamos que a nuestra edad lograríamos algo así, y nos emociona cada vez que nos paráis por la calle o nos enviáis mensajes diciendo que le habéis cogido el gusto a la cocina gracias a nuestros vídeos. Todavía nos sorprende cuando nos escribís desde la otra punta del mundo para decirnos que nuestras recetas os acercan un poco más a casa, como aquella seguidora que desde Japón preparaba nuestros turrones para las fiestas de Navidad.

Semana tras semana hemos ido aumentando nuestro recetario, que en la actualidad contiene alrededor de ochocientas recetas y un montón más en proyecto. Sois muchos los que nos habéis animado a recopilar algunas de ellas, y por fin ha llegado el día: aquí encontraréis cien de nuestros platos más populares, todos ellos sencillos y llenos de sabor. Como en nuestros vídeos, estas elaboraciones están pensadas para que cualquiera pueda hacerlas, ya tenga experiencia en la cocina o quiera iniciarse en los fogones: son recetas que pueden elaborarse fácilmente en casa y sin complicaciones; vuestro plato saldrá igual de bueno que el nuestro.

Este libro es para los que nos seguís cada semana y para los que queréis empezar a cocinar. Estas recetas pretenden acercar a todo el mundo la cocina de nuestras madres, esos platos caseros y tradicionales que nos træn a la memoria momentos felices. Esperamos que disfrutéis con ellas tanto como nosotros.

¡Buen provecho!

JOSEP MARIA Y CARME
El Forner de Alella

PRIMEROS
platos

Alubias con almejas

Ingredientes para 6 personas:

- 500 g de alubias
- 800 g de almejas
- 1 puerro
- 2 cebollas
- 1 pimiento verde
- 3 dientes de ajo
- 125 ml de vino blanco
- 2 cayenas
- 1 cucharada sopera de pimentón
- Perejil picado
- Aceite de oliva
- Sal

Elaboración:

1. Dejamos en remojo las alubias durante unas 4 horas y, una vez escurridas, las ponemos en una cazuela grande, cubrimos con agua fría hasta 3 cm por encima de las legumbres y las ponemos al fuego.

2. Cuando arranque el hervor, añadimos el puerro y las cebollas enteros y el pimiento verde sin semillas y partido por la mitad, a lo largo.

3. Dejamos cocer a fuego bajo y vamos desespumando.

4. Cuando ya no salga espuma, agregamos un buen chorro de aceite de oliva y la cucharada de pimentón. Removemos para que se integre todo.

5. Pasados unos 40 minutos, cuando las legumbres estén casi cocidas, sacamos las verduras y las trituramos junto con un poco de caldo de la cocción y unas 12 alubias. Si es necesario, agregamos agua fría.

6. Incorporamos las verduras trituradas a la cazuela y removemos. Añadimos sal y comprobamos si las alubias están cocidas.

7. Ponemos aceite en una sartén y añadimos los ajos y las cayenas troceadas. Cuando empiecen a dorarse, incorporamos el vino blanco y las almejas, que habremos lavado con agua fría y escurrido después de tenerlas media hora en remojo con sal.

8. Tapamos la sartén y, cuando las almejas se hayan abierto, añadimos el perejil picado y apagamos el fuego.

9. Incorporamos las almejas a las alubias y meneamos la cazuela para que se integre todo. Cocemos 5 minutos más a fuego lento y, si es necesario, ya que la salsa se espesa muy deprisa, añadimos un poco de agua fría.

10. Dejamos reposar unos 15 minutos como mínimo antes de servir.

Arroz con calamares

Ingredientes para 4 personas:

- 600 g de calamares pequeños
- 400 g de arroz largo
- 200 g de cebolla
- 200 g de tomate frito
- 80 ml de vino blanco

- 400 ml de agua
- 3 huevos duros
- Tinta de calamar
- Aceite de oliva
- Sal

Elaboración:

1. Picamos la cebolla muy pequeñita y si hay algún calamar grande, lo troceamos también.

2. Ponemos aceite de oliva en una cazuela y, cuando esté caliente, echamos la cebolla.

3. Sofreímos hasta que esté transparente y añadimos los calamares. Cuando se haya absorbido el agua que sueltan, añadimos el vino y, una vez evaporado el alcohol, agregamos el tomate frito y removemos.

4. Con cuidado, ponemos un poco de tinta de calamar hasta que coja el color que buscamos y añadimos el agua. Dejamos cocer unos 20 minutos y, si hace falta, incorporamos más agua.

5. Pasado este tiempo, rectificamos de sal y apagamos el fuego.

6. Hervimos el arroz, lo enfriamos con agua y escurrimos bien. En una sartén con un poquito de aceite lo freímos un poco para que quede suelto.

7. Al emplatar, adornamos con los huevos duros.

Arroz negro

Ingredientes para 8 personas:

- 700 g de arroz bomba
- 800 g de sepia
- 600 g de almejas
- 2 tomates maduros grandes
- 2 cebollas grandes
- 2 pimientos verdes
- 3 dientes de ajo
- 2,1 l de fumet de pescado
- Ajo y perejil picados
- Tinta de sepia
- Aceite de oliva
- Sal
- Alioli

Elaboración:

1. Limpiamos las sepias y reservamos la tinta y la salsa (la bolsita de color marrón que tiene en la zona de los tentáculos).

2. Ponemos una pællera grande en el fuego y echamos abundante aceite de oliva; cuando esté bien caliente, incorporamos la sepia cortada en dados pequeños y la sofreímos. Reservamos.

3. En el mismo aceite ponemos las almejas, que previamente hemos dejado en remojo durante unos 30 minutos para que soltaran la tierra, y esperamos a que se abran. Una vez abiertas, las retiramos de la sartén.

4. Echamos un poco más de aceite a la pællera y ponemos los ajos picados y la cebolla cortada muy pequeña. Le damos unas vueltas y añadimos el pimiento cortado pequeño.

5. Salteamos todo junto y, cuando esté un poco dorado, añadimos el tomate y salamos. Sofreímos hasta que quede como una mermelada.

6. Incorporamos la salsa de la sepia y los daditos de sepia dándoles unas vueltas. A continuación, agregamos el arroz y removemos hasta que adquiera un tono ligeramente tostado.

7. Vertemos el fumet de pescado caliente, reservando un poco para disolver la tinta de la sepia, que iremos añadiendo hasta conseguir un color casi negro.

8. Añadimos el ajo y el perejil picados. Dejamos cocer unos 15 minutos aproximadamente y vamos meneando la pællera para que el arroz no se pegue. Si se seca demasiado, podemos agregar un poco más de fumet.

9. Incorporamos las almejas casi al final de la cocción; transcurrido el tiempo, apagamos el fuego y dejamos reposar 5 minutos tapado con un paño de cocina limpio.

10. Servimos acompañado con alioli.

Buñuelos de bacalao

Ingredientes para 6 personas:

- 250 g de bacalao desalado
- 1 huevo
- 100 g de harina
- 15 g de levadura química
- 140 ml de agua
- 3 ajos
- Perejil picado
- Aceite de girasol

Elaboración:

1. Trituramos el bacalao, los ajos y el perejil con una batidora eléctrica.

2. En un bol batimos muy bien el huevo y añadimos la harina tamizada y la levadura. Removemos con unas varillas y agregamos el agua poco a poco.

3. Incorporamos la mezcla del bacalao y removemos bien. Cuando esté todo integrado, lo dejamos reposar 5 minutos.

4. Calentamos abundante aceite en una sartén, damos forma a los buñuelos con ayuda de dos cucharas y los freímos hasta que estén dorados.

5. Antes de servir, los dejamos escurrir en papel de cocina para que suelten el exceso de aceite.

Canelones de Navidad

Ingredientes para 8 personas:

Para los canelones:

- 30 placas de canelones
- 1 pechuga de pollo
- 250 g de carne de ternera
- 250 g de carne de cerdo
- 2 hígados de pollo
- 2 cebollas
- 1 zanahoria
- 1 puerro
- 450 ml de leche
- 15 g de harina
- 40 ml de coñac
- Mantequilla
- Queso emmental rallado
- Aceite de oliva
- Sal
- Nuez moscada
- Pimienta negra

Para la bechamel:

- 1 l de leche
- 250 ml de nata líquida para cocinar
- 80 g de harina
- 80 g de mantequilla
- Pimienta negra
- Nuez moscada
- Sal

Elaboración:

1. Troceamos y salpimentamos el pollo, la ternera y el cerdo, y los sofreímos en una cazuela con aceite caliente.

2. Añadimos las verduras cortadas pequeñitas y dejamos que rehogue todo junto.

3. Picamos los hígados de pollo y los incorporamos a la cazuela, removiendo para que se integren todos los ingredientes mientras se doran.

4. Añadimos el coñac y dejamos que el alcohol se evapore.

5. Cuando todo esté sofrito, vertemos el agua hirviendo en la cazuela, removemos y dejamos cocer, con el fuego bajo y controlando que no falte agua, hasta que las carnes estén tiernas.

6. Trituramos la mezcla y la ponemos de nuevo en una cazuela. Incorporamos la harina poco a poco y removemos para que no quede cruda.

7. Agregamos la leche poco a poco y removemos para que todo quede bien mezclado. Aderezamos con la nuez moscada y salpimentamos, removiendo sin parar para que no se pegue.

8. Cuando la mezcla se suelte de las paredes y del fondo de la cazuela, reservamos, la extendemos en un recipiente y la dejamos reposar en el frigorífico unas 12 horas.

9. En un bol con agua caliente hidratamos las placas de los canelones durante unos 20 minutos. Las escurrimos y las ponemos encima de un paño de cocina limpio para que se sequen.

10. Cogemos un poco del relleno ya frío, le damos forma de croqueta y lo colocamos encima de una placa. Envolvemos el relleno con la placa dejando la unión por la parte de arriba.

11. Ponemos unos trocitos de mantequilla en el fondo de una bandeja para horno y vamos colocando los canelones.

12. Para hacer la salsa bechamel, ponemos la mantequilla en una sartén grande y, una vez derretida, apartamos del fuego y añadimos la harina. Removemos hasta que se integren totalmente.

13. Incorporamos la leche poco a poco y removemos hasta que quede ligado. Añadimos la nata, la nuez moscada, la sal y la pimienta y volvemos a poner al fuego, removiendo para que no se pegue.

14. Cuando la salsa haya espesado un poco, retiramos del fuego y vertemos sobre los canelones.

15. Ponemos el queso emmental rallado y unos trocitos de mantequilla por encima y gratinamos en el horno, con calor solo por arriba, hasta que el queso esté doradito.

Caracoles a la llauna

Ingredientes para 4 personas:

- 1,5 kg de caracoles Bover
- Aceite de oliva virgen
- Sal fina
- Pimienta negra
- Brandy
- Sal gruesa
- Alioli

Elaboración:

1. Lavamos bien los caracoles y los escurrimos.

2. Cubrimos el fondo de una placa de horno con sal gruesa y ponemos los caracoles encima boca arriba. Cubrimos con abundante sal fina, añadimos un poco de pimienta y rociamos con aceite de oliva virgen.

3. Nosotros solemos cocinar los caracoles en la barbacoa, pero se pueden hacer en un horno convencional sin problema. Los asamos durante unos 10 minutos y, transcurrido este tiempo, volvemos a rociarlos con aceite de oliva.

4. Después de otros 10 minutos al fuego, separamos la bandeja del calor y añadimos el brandy para flamear los caracoles. Estos pasos deben hacerse fuera del horno.

5. Podemos acompañar los caracoles a la llauna con un poco de alioli.

Coca de recapte con anchoas

Ingredientes para 8 personas:

- 300 g de harina
- 75 ml de aceite de oliva
- 150 ml de agua
- 3 pimientos rojos
- 2 berenjenas
- Anchoas en aceite
- Aceitunas negras
- Sal

Elaboración:

1. Asamos los pimientos y las berenjenas en el horno, los dejamos enfriar y los cortamos en tiras.

2. Ponemos en un bol la harina, el aceite, la sal y el agua. Amasamos con una espátula hasta que la masa se despegue de las paredes del bol.

3. Amasamos a mano sobre una superficie plana durante unos 5 minutos. Hacemos una bola y dejamos reposar la masa cubierta con un paño de cocina limpio durante 5 minutos más.

4. Ponemos un poco de aceite en la mesa de trabajo y estiramos la masa de la coca con un rodillo también engrasado. Acabamos de estirarla bien en una bandeja de horno que también habremos untado con un poco de aceite.

5. Disponemos sobre la coca, en diagonal, las tiras de pimiento y berenjena. Salamos las verduras y rociamos con abundante aceite de oliva.

6. En el horno precalentado a 240 °C horneamos unos 15 minutos con calor arriba y abajo. A media cocción rociamos con más aceite para que no se seque demasiado. Para evitar que las verduras se tuesten, podemos tapar con papel de aluminio si es necesario.

7. Dejamos enfriar un poco y adornamos con las anchoas y las aceitunas negras.

Coca de trampó

Ingredientes para 8 personas:

Para la masa:

- 150 ml de agua
- 125 ml de aceite de oliva
- 1 yema de huevo
- 1 cucharadita de azúcar
- 1 cucharadita de sal
- Harina

Para el trampó:

- 500 g de tomate rojo
- 500 g de cebolla
- 250 g de pimiento rojo
- 250 g de pimiento verde
- Aceite de oliva
- Pimienta negra
- Sal

Elaboración:

1. Cortamos todas las verduras en trozos muy pequeños y las ponemos en un bol grande. Aliñamos con sal, pimienta y una buena cantidad de aceite de oliva y lo dejamos macerar durante 90 minutos.

2. Para hacer la masa de la coca, mezclamos en un bol la yema de huevo, el agua, el aceite de oliva, la sal y el azúcar. Vamos añadiendo harina tamizada poco a poco y removemos hasta conseguir una masa que se suelte del bol.

3. Acabamos de amasar a mano y dejamos reposar 90 minutos en un bol tapado con un paño de cocina.

4. Ponemos la masa en una bandeja de horno y la extendemos con las manos hasta que quede muy delgada y cubra toda la placa. Si queremos, podemos dar forma a los bordes con un cuchillo.

5. Escurrimos las verduras, que habrán soltado bastante agua, y las distribuimos encima de la masa procurando llegar a los bordes.

6. Con el horno precalentado a 140°C, cocemos con calor arriba y abajo durante 90 minutos. Después subimos la temperatura a 180°C y horneamos durante unos 30 minutos más.

Crema de alcachofas y almejas

Ingredientes para 4 personas:

- 500 g de almejas
- 6 alcachofas grandes
- 1 puerro
- 1 cebolleta
- 1 patata
- 200 ml de nata para cocinar
- 1,5 l de caldo de verduras
- 25 g de mantequilla
- 1 diente de ajo
- Aceite de oliva
- Pimienta negra
- Sal
- Perejil

Elaboración:

1. Dejamos las almejas en remojo en agua con sal durante 30 minutos.

2. Para que las alcachofas no queden negras, ponemos en un recipiente agua fría, un cubito de hielo y unas hojas de perejil que habremos estrujado con las manos.

3. Pelamos las alcachofas y dejamos solo el corazón, lo cortamos por la mitad y quitamos los pelillos que pudiera tener con un cuchillo. Hacemos 6 trozos de cada alcachofa y los dejamos en remojo en el agua fría.

4. En una cazuela calentamos aceite de oliva y echamos el puerro, la cebolleta y la patata troceados. Sofreímos un poco y agregamos las alcachofas bien escurridas. Rehogamos durante 3 minutos y añadimos el caldo de verduras hirviendo y la pimienta.

5. Tapamos la cazuela y cocinamos a fuego bajo durante 20 minutos para, seguidamente, añadir la nata y la mantequilla. Removemos y cocinamos todo junto 5 minutos más. Reservamos.

6. Frotamos un diente de ajo por el fondo de una sartén y echamos unas gotas de aceite. Incorporamos las almejas bien lavadas y escurridas y tapamos la sartén para cocinarlas a fuego alto. Vamos retirando las almejas de la sartén a medida que se abran para que no se sequen.

7. Con una batidora eléctrica trituramos las verduras y el caldo hasta que quede una crema muy fina. También se puede pasar después por un colador chino.

8. Juntamos la crema de alcachofas con las almejas sin concha y su jugo y cocinamos unos minutos más. Comprobamos de sal y añadimos un poco más de caldo o agua si fuese necesario.

Croquetas de jamón

Ingredientes para 6 personas:

Para la masa:

- 200 g de jamón serrano
- 750 ml de leche
- 1 cebolla
- 50 g de harina
- 50 g de mantequilla
- Nuez moscada
- Sal
- Pimienta negra

Para el rebozado:

- 2 huevos
- Pan rallado
- Aceite de oliva

Elaboración:

1. En una sartén grande derretimos la mantequilla y pochamos a fuego bajo la cebolla rallada.

2. Incorporamos el jamón picado muy fino y sofreímos sin que se tueste demasiado.

3. Agregamos la harina repartiéndola bien y removemos para que se cueza. A continuación, vertemos la leche poco a poco y lo mezclamos todo hasta que esté bien integrado.

4. Añadimos la pimienta y la nuez moscada y continuamos removiendo para que la masa no se pegue. Cuando esta espese y se desprenda de las paredes y del fondo de la sartén, la depositamos en una fuente y esperamos a que se enfríe. Dejamos que repose en el frigorífico unas 12 horas.

5. Damos forma a las croquetas y batimos dos huevos. Rebozamos las croquetas pasándolas primero por el huevo y después por el pan rallado.

6. Freímos en abundante aceite caliente.

Ensalada de pollo, champiñones y espárragos

Ingredientes para 2 personas:

- 2 pechugas de pollo
- 1 lata de puntas de espárragos
- 150 g de champiñones laminados
- 150 g de piña en su jugo
- 250 g de salsa rosa
- Lechuga
- Aceite de oliva
- Pimienta negra
- Vinagre
- Sal

Elaboración:

1. Maceramos los champiñones con sal, pimienta, vinagre y un poco de aceite de oliva durante 30 minutos.

2. Freímos las pechugas de pollo fileteadas y las reservamos.

3. En un bol, incorporamos la lechuga cortada en juliana, las puntas de espárragos troceadas, los champiñones macerados, la piña y el pollo en taquitos.

4. Aliñamos con la salsa rosa y emplatamos en una fuente. Decoramos con unos cuantos champiñones, piña y espárragos que habremos reservado.

5. Dejamos enfriar en el frigorífico antes de servir.

Espinacas con beicon, piñones y pasas

Ingredientes para 2 personas:

- 1 kg de espinacas frescas
- 70 g de beicon
- 30 g de piñones
- 40 g de pasas de Corinto
- 3 dientes de ajo
- Aceite de oliva
- Pan de molde
- Sal

Elaboración:

1. Lavamos bien las espinacas y las cortamos. Si las sustituimos por espinacas congeladas, utilizaremos solo 500 g.

2. En una olla con un poco de agua y sal hervimos las espinacas unos 5 o 10 minutos. Una vez cocidas, las pasamos a un colador y presionamos con una cuchara para que suelten el agua. Reservamos.

3. En una sartén pequeña, freímos dos rebanadas de pan de molde y las reservamos en papel de cocina para que suelten el exceso de aceite.

4. En aceite de oliva freímos a fuego bajo los ajos picaditos con cuidado de que no se quemen. Echamos el beicon cortado en dados y salteamos. A continuación, añadimos los piñones y, cuando estén dorados, incorporamos las pasas.

5. Le damos un par de vueltas y rehogamos junto con las espinacas durante un par de minutos.

6. Emplatamos con ayuda de un molde pequeño y decoramos con un triángulo de pan frito en el medio.

Esqueixada de bacalao

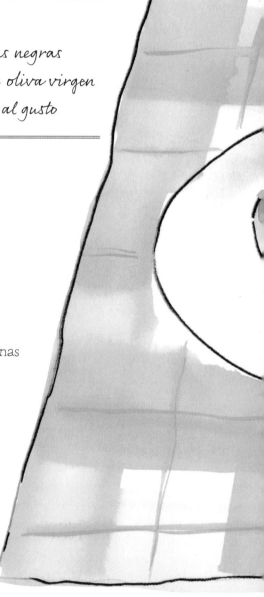

Ingredientes para 4 personas:

- 300 g de bacalao salado seco
- 150 g de tomate maduro
- 175 g de cebolla
- Aceitunas negras
- Aceite de oliva virgen
- Vinagre al gusto

Elaboración:

1. Ponemos el bacalao en remojo y le cambiamos el agua dos o tres veces hasta eliminar el exceso de sal. También se puede comprar el bacalao desalado.

2. Con el bacalao escurrido, le quitamos la piel y las espinas y lo cortamos en tiras finas.

3. En un bol mezclamos el bacalao con la cebolla picada bien pequeña y el tomate cortado en daditos o rallado. Añadimos las aceitunas negras y abundante aceite de oliva virgen.

4. Se le puede añadir un poco de vinagre si se quiere.

5. Dejamos enfriar un poco en el frigorífico antes de servirlo.

Fideuá

Ingredientes para 4 personas:

- 400 g de fideos n.º 2
- 1 sepia
- 8 langostinos o gambas
- Almejas
- 1 tomate maduro
- 1 cebolla
- 1 pimiento verde
- 6 dientes de ajo
- 3 cayenas
- Fumet de pescado
- Aceite de oliva
- Azúcar
- Alioli
- Sal

Elaboración:

1. En una pællera grande freímos los langostinos en abundante aceite caliente y reservamos. A continuación, repetimos el mismo proceso con la sepia (lavada y cortada muy pequeña) y después con las almejas (las habremos tenido en remojo con agua con sal para que suelten la arena) hasta que se abran; retiramos y reservamos.

2. En el mismo aceite incorporamos la cebolla, el pimiento y los ajos cortados pequeños, junto con las cayenas. Rehogamos y cuando empiece a coger color incorporamos el tomate triturado y una pizca de azúcar. Sofreímos todo junto y vamos removiendo hasta que el tomate esté bien frito.

3. Agregamos la sepia y su salsa (la bolsita de color marrón que tiene en la zona de los tentáculos). Rehogamos todo durante 5 minutos y añadimos los fideos. Dejamos que se doren un par de minutos.

4. Cubrimos los fideos con el fumet y cocemos unos 7 minutos. Si quedan muy secos, podemos añadir más fumet, siempre caliente.

5. Precalentamos el horno a 250 °C y horneamos en la función grill durante 3 minutos.

6. Incorporamos los langostinos y las almejas una vez hayamos sacado la pællera del horno y servimos la fideuá acompañada con alioli.

Garbanzos con bacalao y langostinos

Ingredientes para 4 personas:

- 500 g de garbanzos cocidos
- 300 g de bacalao desalado
- 300 g de langostinos
- 1 tomate maduro
- 1 cebolla
- 1 pimiento verde
- 2 dientes de ajo
- 125 ml de vino blanco
- 1,2 l de agua
- Aceite de oliva
- Pimienta negra
- Perejil picado
- Sal

Elaboración:

1. En una cazuela con aceite caliente rehogamos las cabezas y las cáscaras de los langostinos, que hemos pelado y reservado. Presionamos con un tenedor para que suelten el jugo, añadimos un poco de sal y removemos.

2. Cuando las cáscaras cambien de color, incorporamos el agua y dejamos hervir durante 15 minutos. Colamos el caldo apretando con una mano de mortero para que salga el resto del jugo de las cabezas y reservamos.

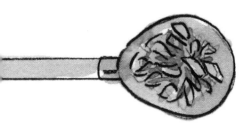

3. Sofreímos a fuego bajo la cebolla, el pimiento y los ajos picaditos en una cazuela ancha con aceite. Añadimos el tomate rallado y dejamos cocer lentamente durante unos 3 minutos, vigilando que no se queme y removiendo hasta que quede como una mermelada.

4. Echamos el vino blanco e incorporamos los garbanzos y un poco de pimienta cuando se evapore el alcohol. Agregamos casi todo el caldo y cocemos durante 15 minutos con la cazuela tapada.

5. A continuación, añadimos los langostinos, el bacalao y el perejil picado. Si es necesario, agregaremos el resto del caldo. Comprobamos de sal y acabamos de cocer todo junto un par de minutos más con la cazuela tapada.

6. Dejamos reposar una hora antes de servir.

lentejas estofadas

Ingredientes para 4 personas:

- 250 g de lentejas secas
- 150 g de chorizo para hervir
- 150 g de panceta de cerdo
- 150 g de salchichas
- 1 cebolla grande
- 1 zanahoria
- 1 puerro
- 1 rama de apio
- 80 ml de vino blanco (opcional)
- 1 cubito de caldo de carne
- Aceite de oliva
- Pimienta negra
- Laurel
- Tomillo
- Sal

Elaboración:

1. Ponemos las lentejas en remojo, con agua fría, durante unas 4 horas. (El remojo depende del tipo de lentejas.)

2. En una cazuela grande rehogamos a fuego bajo, con un poco de aceite de oliva, la cebolla picada muy fina. Cuando esté transparente, añadimos la zanahoria, el puerro y el apio cortados en cuadraditos y sofreímos ligeramente.

3. Salamos la panceta y la incorporamos al sofrito junto con las salchichas. Añadimos el vino, las hierbas aromáticas y la pimienta y agregamos agua y el cubito de caldo de carne cuando el alcohol se haya evaporado.

4. Echamos las lentejas escurridas y vigilamos que el agua las cubra totalmente. Si falta caldo, añadimos agua fría.

5. Cocemos a fuego lento, con la cazuela tapada, durante 25 minutos, aproximadamente, dependiendo del tipo de lenteja.

6. Cuando las legumbres estén casi hechas, añadimos el chorizo cortado y cocemos todo junto 15 minutos más, comprobando la sal y el punto de cocción.

7. Dejamos reposar durante un par de horas antes de servir.

Marmitako

Ingredientes para 4 personas:

- 750 g de atún fresco
- 1 kg de patatas
- 250 g de cebolla
- 300 g de tomate maduro
- 300 g de pimiento verde
- 3 dientes de ajo
- 150 ml de vino blanco
- 1 l de caldo de pescado
- 1 cucharada de pulpa de pimiento choricero
- 1 cucharadita de pimentón dulce
- 1 guindilla
- 1 hoja de laurel
- Aceite de oliva
- Sal

Elaboración:

1. En una cazuela de barro grande echamos un poco de aceite de oliva y rehogamos la cebolla y los ajos picados finos. Añadimos el pimiento verde cortado en trocitos y, seguidamente, el tomate pelado y cortado en dados. Sofreímos a fuego bajo todo junto.

2. Cuando el sofrito esté blando, añadimos la guindilla cortada y el pimiento choricero. Removemos un poco y ponemos el vino blanco. Cuando el alcohol se evapore, agregamos el pimentón dulce.

3. Echamos en la cazuela las patatas peladas y chascadas, la hoja de laurel y el caldo de pescado caliente. Ponemos el fuego fuerte hasta que rompa a hervir y después bajamos el fuego y cocinamos con la olla tapada durante 25 minutos. Comprobamos de sal y vigilamos que no se quede sin caldo, meneando de vez en cuando la cazuela.

4. Una vez cocidas las patatas, añadimos el atún cortado en dados grandes y salado, y cocinamos todo junto a fuego bajo durante un par de minutos.

5. Dejamos reposar 10 minutos antes de servir.

Paella de bogavante

Ingredientes para 4 personas:

- 400 g de arroz bomba
- 1 bogavante de 600 g
- 4 gambas
- 1 sepia
- 12 almejas grandes
- 16 mejillones
- 1 cebolla
- 1 pimiento verde
- ½ pimiento rojo
- 1 tomate maduro
- 4 dientes de ajo
- Ajo y perejil picados
- 1 hoja de laurel
- 1,5 l de fumet de pescado
- Aceite de oliva
- Sal

Elaboración:

1. En un cazo con un poco de agua ponemos un diente de ajo, una hoja de laurel y los mejillones limpios. Tapamos hasta que se abran y retiramos del fuego. Escurrimos y guardamos el caldo de la cocción colado.

2. Freímos el bogavante troceado y salado en una pællera grande con aceite de oliva bien caliente y reservamos. Tiene que dorarse ligeramente por los dos lados, empezando por la parte carnosa. Repetimos el mismo proceso con las gambas y reservamos.

3. En el mismo aceite echamos las almejas, que habremos dejado en remojo en agua con sal para que suelten la arena, y las retiramos a medida que se vayan abriendo. Añadimos un poco más de aceite y sofreímos la sepia troceada pequeña. Reservamos.

4. En el mismo aceite rehogamos el pimiento rojo y el verde a fuego bajo. Incorporamos también la cebolla y los ajos picados; cuando el sofrito esté blandito, añadimos el tomate picado y acabamos de cocinar hasta conseguir la textura de una mermelada. Incorporamos la salsa de la sepia y removemos.

5. Agregamos el arroz y le damos unas vueltas para que absorba los sabores. Añadimos el fumet de pescado hirviendo y, seguidamente, la sepia junto con el ajo y el perejil picados. Removemos un poco.

6. Cocemos durante 10 minutos e incorporamos el bogavante, las gambas, los mejillones y las almejas. Acabamos de cocinar el arroz hasta que quede en el punto que buscamos y, si es necesario, agregamos un poco de caldo de pescado, siempre hirviendo.

7. Una vez apagado el fuego, dejamos reposar tapado con un paño de cocina limpio durante unos 5 minutos.

Pastel de salmón y merluza

Ingredientes para 6 personas:

- 300 g de salmón fresco
- 300 g de merluza sin espinas
- 7 huevos
- 200 g de tomate frito
- 400 g de nata para cocinar
- 1 zanahoria
- 1 puerro
- Pimienta negra
- Sal
- Mayonesa

Elaboración:

1. En una olla hervimos durante 5 minutos el salmón, la merluza y las verduras con el agua justa para cubrirlos. Escurrimos y cuando el pescado esté tibio lo desmenuzamos.

2. En un bol grande, batimos los huevos y añadimos la sal, la pimienta, la nata para cocinar, el tomate frito, el pescado y las verduras cocidas y trituramos con una batidora eléctrica.

3. Untamos con mantequilla un molde de unos 30 × 11 cm, espolvoreamos con pan rallado y vertemos la mezcla.

4. Con el horno precalentado a 200°C, metemos dentro una fuente de agua caliente y, cuando esté hirviendo, ponemos la fuente con la masa del pastel de pescado en el centro para cocerlo al baño maría.

5. Horneamos 35 minutos con calor solo por debajo y 15 minutos más con calor arriba y abajo. Pasado este tiempo, pinchamos con un palillo: cuando salga seco, el pastel estará cocinado.

6. Sacamos el pastel del horno y dejamos enfriar todavía al baño maría. Cuando esté a temperatura ambiente, lo guardamos en el frigorífico hasta que lo vayamos a consumir.

7. Desmoldamos con cuidado con la ayuda de un cuchillo y decoramos con mayonesa.

Pimientos del piquillo rellenos de bacalao

Ingredientes para 4 personas:

Para la bechamel:

- 60 g de mantequilla
- 60 g de harina
- 500 ml de leche
- Pimienta negra
- Nuez moscada
- Sal

Para la salsa:

- 3 pimientos del piquillo
- 1 puerro
- 80 g de tomate frito
- 1 diente de ajo
- 80 ml de vino blanco
- 1 cucharada de harina
- 1 cucharada de azúcar
- Aceite de oliva

Para los pimientos:

- 16 pimientos del piquillo
- 300 g de migas de bacalao desalado
- 2 dientes de ajo
- Perejil picado
- Aceite de oliva

3. En una sartén aparte derretimos la mantequilla, la retiramos del fuego y añadimos la harina poco a poco, removiendo para que se integre. Añadimos un poco de leche y lo ligamos todo bien. Volvemos a poner a fuego lento y vertemos el resto de la leche sin dejar de dar vueltas. Añadimos la sal, la nuez moscada y la pimienta.

4. Cuando la bechamel haya espesado un poco, incorporamos el bacalao y cocemos todo junto, con cuidado de que no se pegue, hasta que la masa tenga una consistencia bastante espesa y se suelte del fondo de la sartén. Reservamos.

5. En una cazuela sofreímos el puerro y el ajo cortados y, cuando empiecen a dorarse, añadimos los pimientos también troceados. Seguidamente, agregamos el tomate frito y el azúcar para quitar acidez a la salsa. Agregamos el vino blanco, esperamos que se evapore el alcohol y echamos un poco de agua. Dejamos cocer 10 minutos y añadimos la harina para que espese la salsa.

6. Trituramos la salsa, rectificamos de sal y agregamos agua hasta que quede una consistencia no muy espesa.

7. Rellenamos los pimientos con el bacalao y cocemos 5 minutos en la salsa.

Elaboración:

1. Picamos el bacalao desalado, y cortamos los dos dientes de ajo en láminas.

2. Echamos los ajos laminados en una sartén con aceite de oliva frío y freímos a fuego bajo durante unos minutos para que el aceite quede perfumado; retiramos sin que se quemen. Sofreímos en este aceite el bacalao, que antes habremos picado. Removemos constantemente y cuando el pescado esté suelto añadimos bastante perejil. Damos unas vueltas y reservamos.

Salmorejo cordobés

Ingredientes para 6 personas:

- 1 kg de tomates maduros
- 200 g de pan con miga
- 200 ml de aceite de oliva virgen extra
- 1 o 2 dientes de ajo (al gusto)
- 2 huevos duros
- Jamón serrano en tiras
- Pimienta negra
- Sal

Elaboración:

1. Trituramos los tomates sin piel. Cortamos el pan en trozos pequeños y lo añadimos al tomate para que se humedezca.

2. Pelamos los ajos, les quitamos el germen de la parte central y los cortamos en trozos pequeños. Incorporamos a la mezcla, trituramos de nuevo y salpimentamos.

3. Sin dejar de batir, agregamos el aceite de oliva poco a poco hasta que quede una textura fina y ligada.

4. Reservamos el salmorejo en el frigorífico durante al menos 2 horas y servimos muy frío, decorado por encima con trocitos de jamón serrano y de huevo duro.

Sepia con patatas

Ingredientes para 4 personas:

- 800 g de sepia
- 500 g de patata
- 250 g de cebolla
- 200 g de tomate maduro
- 100 g de pimiento verde
- 130 ml de vino blanco
- 2 dientes de ajo
- 1 cucharada de pimentón dulce
- 1 cucharadita de azúcar
- 1 l de agua
- Perejil
- 1 hoja de laurel
- Aceite de oliva
- Pimienta negra
- Sal

Elaboración:

1. Cortamos la sepia en dados grandes y reservamos la salsa (la bolsita de color marrón que tiene en la zona de los tentáculos).

2. Rallamos el ajo y la cebolla y picamos el pimiento verde en trozos muy pequeños.

3. En una cazuela freímos la cebolla, el ajo y los pimientos hasta que la cebolla esté transparente. Añadimos el tomate rallado y la cucharadita de azúcar y dejamos sofreír a fuego lento durante 5 minutos.

4. Agregamos el vino blanco, el pimentón dulce y la hoja de laurel y, seguidamente, echamos la sepia y su salsa, salamos y removemos para que todo se integre bien.

5. Añadimos el agua hirviendo y dejamos cocer a fuego lento con la cazuela tapada durante una media hora, hasta que la sepia esté tierna. Ponemos también un poco de pimienta y vigilamos que no se quede sin caldo. Si hay que añadir agua, siempre hirviendo.

6. Pelamos y chascamos las patatas y las ponemos a cocer en el estofado procurando que quede caldoso.

7. Una vez apartado del fuego, añadimos el perejil picado y dejamos reposar 5 minutos antes de servir.

Setas salteadas con butifarra negra

Ingredientes para 4 personas:

- 180 g de rebozuelos o chantarelas
- 180 g de trompetas amarillas
- 180 g de trompetas de la muerte
- 150 g de níscalos (robellones)
- 200 g de butifarra negra
- Aceite de oliva
- Pimienta negra
- Ajo y perejil picados
- Sal

Elaboración:

1. Limpiamos bien las setas para retirar las impurezas. Si tienen tierra, se pueden lavar con cuidado. Las escurrimos y las reservamos por separado.

2. Retiramos la piel de la butifarra negra, la freímos con un poco de aceite de oliva, chafándola para que quede suelta, y la reservamos en una cazuela grande.

3. En el mismo aceite freímos ligeramente los níscalos, los salpimentamos y los reservamos también en la cazuela. Repetimos el mismo proceso primero con los rebozuelos, que soltarán un poco de agua y tendremos que esperar a que esta se evapore, y después con los dos tipos de trompetas, siempre por separado.

4. Una vez hayamos mezclado la butifarra y las setas, cocinamos todo junto durante un par de minutos más. Añadimos el ajo y el perejil picado y apagamos el fuego medio minuto después.

Sopa de cebolla gratinada

Ingredientes para 4 personas:

- 1 kg de cebollas blancas
- 80 g de mantequilla
- 1,5 l de caldo de carne
- 100 ml de vino blanco
- 12 rebanadas pequeñas de pan
- Unos dientes de ajo

- Queso emmental rallado
- Tomillo
- Aceite de oliva
- Pimienta negra
- Sal

Elaboración:

1. En una cazuela honda derretimos mantequilla y añadimos un poco de aceite de oliva para que no se queme. Echamos la cebolla cortada en juliana y rehogamos a fuego muy lento removiendo de vez en cuando. A media cocción, salpimentamos, añadimos el tomillo y tapamos la cazuela.

2. Cuando la cebolla esté bien pochada, añadimos el vino blanco y dejamos que se evapore.

3. En una olla calentamos el caldo de carne hasta que hierva e incorporamos la cebolla y su jugo. Hervimos a fuego lento durante 20 minutos.

4. Untamos las rebanaditas de pan con el ajo y las llevamos al horno en función grill para que se tuesten.

5. Repartimos la sopa en unos cuencos aptos para el horno y colocamos encima las tostaditas de pan y un poco de queso rallado.

6. Gratinamos hasta que el queso adquiera un color dorado.

Trinxat de la Cerdanya

Ingredientes para 4 personas:

- 1 kg de col
- 500 g de patatas
- 3 dientes de ajo
- 4 lonchas de beicon
- 100 g de panceta ibérica
- Aceite de oliva
- Sal

Elaboración:

1. Pelamos las patatas y las cortamos en trozos grandes. Quitamos las primeras hojas de la col y eliminamos el tronco central del resto. Lavamos bien toda la verdura.

2. Hervimos por separado la patata y la col en agua con sal durante unos 15-20 minutos.

3. Escurrimos la verdura, presionando bien la col para que suelte toda el agua de la cocción, y la ponemos en una fuente. Con un tenedor, aplastamos la col y la patata y reservamos.

4. En una sartén grande con un poco de aceite de oliva freímos los ajos laminados y añadimos la panceta en daditos antes de que el ajo se dore.

5. Cuando la panceta esté tostadita, incorporamos la col y la patata y mezclamos. Cocinamos como si fuese una tortilla de patatas, dándole la vuelta a mitad de cocción.

6. En otra sartén tostamos las lonchas de beicon hasta que estén crujientes y las reservamos sobre papel absorbente.

7. Servimos el trinxat decorado con las lonchas de beicon por encima.

Vichyssoise de calabacín

Ingredientes para 6 personas:

- 1 kg de calabacines
- 2 cebollas
- 1 patata
- 1,5 l de caldo de verduras
- 200 ml de nata para cocinar
- 50 g de mantequilla
- Sal
- Picatostes
- Jamón serrano en daditos

Elaboración:

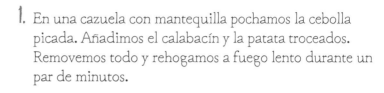

1. En una cazuela con mantequilla pochamos la cebolla picada. Añadimos el calabacín y la patata troceados. Removemos todo y rehogamos a fuego lento durante un par de minutos.

2. Incorporamos el caldo de verduras y la sal y cocemos durante 20 minutos con la olla tapada.

3. Agregamos la nata para cocinar, dejamos que hierva un par de minutos más y retiramos del fuego.

4. Cuando las verduras estén tibias, trituramos todo con una batidora eléctrica hasta conseguir una textura muy ligera. También se puede pasar por un colador chino.

5. Dejamos enfriar la vichyssoise en el frigorífico hasta el momento de servir y decoramos con picatostes y con daditos de jamón serrano.

SEGUNDOS
platos

Albóndigas con salsa de almendras

Ingredientes para 6 personas:

Para las albóndigas:

- 300 g de carne picada de ternera
- 200 g de carne picada de cerdo
- 2 huevos
- 2 dientes de ajo
- Perejil picado
- Pan rallado
- Aceite de oliva
- Sal
- Pimienta negra
- Harina

Para la salsa de almendras:

- 100 g de almendras crudas
- 1 cebolla
- 3 dientes de ajo
- 2 rebanadas de pan
- 100 ml de vino blanco
- 1 cubito de caldo de carne
- Hebras de azafrán

Elaboración:

1. En un bol batimos los huevos con la sal, la pimienta y el perejil y el ajo picados. Agregamos los dos tipos de carne picada y mezclamos hasta que todo quede bien integrado. Añadimos pan rallado, unas tres cucharadas, y mezclamos hasta obtener una masa compacta. Hacemos las bolitas y rebozamos en harina.

2. Freímos las albóndigas hasta que queden doradas por fuera pero crudas por dentro. Reservamos.

3. En el mismo aceite y con el fuego bajo sofreímos la cebolla picada hasta que quede transparente y un poco dorada.

4. En una sartén pequeña freímos las almendras vigilando que no se quemen. Reservamos y repetimos el proceso con los ajos, enteros y sin piel, y después con las rebanadas de pan.

5. Trituramos la cebolla pochada, los ajos, el pan, las almendras fritas, el vino y un vaso de agua. Pasamos la salsa a una cazuela y agregamos el cubito de caldo de carne, el azafrán, un poco de pimienta negra y más agua. Cuando empiece a hervir añadimos las albóndigas y lo cocemos todo a fuego muy bajo durante 20 minutos, removiendo de vez en cuando.

6. Comprobamos de sal y añadimos más agua si es necesario, ya que la salsa tiende a espesar.

7. Dejamos reposar un poco antes de servir.

Bacalao a la ampurdanesa

Ingredientes para 4 personas:

- 8 lomos de bacalao desalado
- 2 cebollas
- 2 dientes de ajo
- 60 g de pasas de Corinto
- 50 g de piñones
- 40 g de almendras tostadas
- 1 cubito de caldo de pescado
- Harina
- Laurel
- Tomillo
- Perejil
- Sal
- Pimienta negra
- Aceite de oliva
- 2 huevos duros

Elaboración:

1. Enharinamos el bacalao, lo freímos en abundante aceite de oliva y dejamos que escurra en papel absorbente.

2. Preparamos la picada: en un mortero majamos dos dientes de ajo picados y, seguidamente, repetimos el proceso con las almendras tostadas sin piel y con el perejil, hasta que todo quede bien machacado.

3. Ponemos un poco del aceite de freír el bacalao en una cazuela y pochamos la cebolla picada hasta que esté dorada. Añadimos los piñones, las pasas y un poco de pimienta y, después de dar unas vueltas, agregamos las hierbas aromáticas, el cubito de caldo de pescado y un vaso de agua.

4. Cuando empiece a hervir, incorporamos los lomos de bacalao y cocemos todo junto a fuego bajo durante 6 minutos con la cazuela tapada. Comprobamos de sal y añadimos más agua si es necesario.

5. Echamos la picada con un poquito de agua y meneamos la cazuela para que se mezcle todo. Cortamos los huevos duros por la mitad, los distribuimos en la cazuela y dejamos que se cocine todo junto durante 4 minutos más.

6. Dejamos reposar el bacalao media hora antes de servirlo.

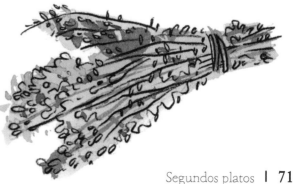

Bacalao con sanfaina

Ingredientes para 4 personas:

- 8 lomos de bacalao desalado
- 1 cebolla grande
- 1 pimiento rojo
- 1 berenjena
- 1 calabacín
- 1 kg de tomates maduros
- 1 cucharadita de azúcar
- Harina
- Aceite de oliva
- Sal

Elaboración:

1. Cortamos las verduras en daditos y, aparte, salamos la berenjena y dejamos que suelte el agua durante una hora aproximadamente.

2. Rallamos el tomate y le ponemos una cucharadita de azúcar.

3. Enharinamos los lomos de bacalao, los freímos en abundante aceite de oliva y dejamos que escurran en un papel absorbente.

4. En una cazuela ponemos un poco del aceite de freír el pescado. Sofreímos la cebolla y vamos incorporando el pimiento, el calabacín y la berenjena, que habremos enjuagado y escurrido previamente. Rehogamos todo junto durante 4 minutos y añadimos el tomate rallado. Cocinamos unos 6 minutos más.

5. Agregamos un poco de agua, incorporamos el bacalao y dejamos que se cocine todo junto un par de minutos, vigilando que la salsa no espese demasiado y corrigiendo de sal si fuese necesario.

6. Dejamos reposar un poco antes de servirlo.

Cabrito al horno

Ingredientes para 6 personas:

- Cabrito troceado
- 100 g de manteca de cerdo
- 250 ml de vino blanco
- 500 ml de agua
- Tomillo

- Romero
- 8 patatas
- Sal
- Pimienta negra
- Aceite de oliva

Elaboración:

1. Untamos el cabrito con manteca de cerdo por los dos lados, lo colocamos con la piel para abajo en una bandeja para horno, salpimentamos y añadimos las hierbas aromáticas desmenuzadas. Dejamos macerar por lo menos una hora.

2. Añadimos el vino blanco y un vaso grande de agua y metemos en el horno precalentado a 200°C con calor arriba y abajo. Horneamos durante media hora, le damos la vuelta y añadimos un poco más de agua si le falta jugo.

3. Pelamos las patatas, las cortamos en rodajas de medio centímetro de grueso aproximadamente y las freímos en abundante aceite de oliva.

4. Cuando el cabrito lleve otros 15 minutos en el horno, vigilamos que no se quede sin jugo y distribuimos por la bandeja las patatas, a las que habremos echado un poquito de sal. Introducimos en el horno otro cuarto de hora más.

5. El tiempo de cocción dependerá de cada horno y del tamaño del cabrito: la carne tiene que estar crujiente por fuera y tierna por dentro; si la pinchamos con un palillo largo, este debería hundirse con facilidad.

Calamares rellenos

Ingredientes para 4 personas:

- 1 kg de calamares medianos
- 250 g de carne picada de cerdo
- 2 huevos hervidos
- 300 g de cebolla
- 350 g de tomate maduro
- 1 zanahoria
- 150 g de guisantes congelados
- 70 ml de vino blanco
- Aceite de oliva
- Pimienta negra
- 2 dientes de ajo
- Perejil
- Sal

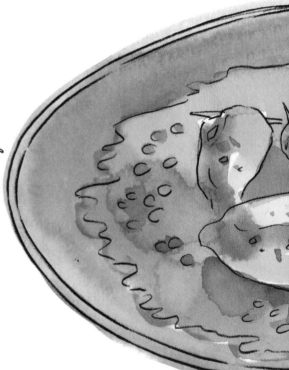

Elaboración:

1. Lavamos los calamares y separamos las aletas y los tentáculos.

2. Trituramos los huevos hervidos, los ajos, el perejil y las aletas y los tentáculos de los calamares. Salpimentamos, mezclamos con la carne picada y reservamos.

3. Rellenamos los calamares con el picadillo y los cerramos con un palillo.

4. En una cazuela sofreímos ligeramente los calamares en un poco de aceite y reservamos.

5. Pochamos la cebolla picada hasta que se dore y añadimos el tomate, que habremos pelado y troceado. Salteamos todo junto y agregamos el vino blanco; esperamos que se evapore el alcohol y agregamos la zanahoria en rodajas.

6. Añadimos los calamares y el jugo que hayan soltado. Removemos, vertemos un poco de agua y lo dejamos cocer a fuego bajo, con la cazuela tapada, unos 50 minutos o hasta que los calamares estén blanditos. Vigilamos que no se pegue y vamos incorporando agua conforme se vayan cocinando.

7. Corregimos de sal y añadimos los guisantes 5 minutos antes de apagar el fuego.

8. Es importante dejar reposar este plato e incluso cocinarlo un día antes de servirlo.

Carrilleras de cerdo guisadas

Ingredientes para 4 personas:

- 4 carrilleras de cerdo
- 6 dientes de ajo
- 200 g de cebolla
- 100 g de zanahoria
- 1 ramito compuesto (atadillo de orégano, laurel y tomillo)
- 1 cubito de caldo de carne
- 400 ml de vino tinto
- 400 ml de agua
- Harina
- Aceite de oliva
- Pimienta negra
- Sal

Elaboración:

1. Salpimentamos y enharinamos las carrilleras y las sellamos en una cazuela con aceite de oliva caliente. Reservamos.

2. Hacemos un corte en los ajos dejando la piel y troceamos el resto de las verduras. Echamos todo junto en el aceite de marcar las carrilleras y removemos bien.

3. Agregamos el vino y, cuando el alcohol se haya evaporado un poco, incorporamos la carne, el ramito compuesto y el cubito de caldo de carne. Echamos el agua y lo dejamos cocer a fuego lento con la cazuela tapada durante una hora y media.

4. Una vez la carne esté tierna, retiramos el atadillo y los ajos y pasamos la salsa por un colador chino para que quede muy fina; podemos agregar un poquito de agua si es necesario.

5. Guisamos las carrilleras junto con la salsa 5 minutos más y rectificamos de sal.

6. Se puede servir con patatas fritas o con arroz pilaf.

Codillo de cerdo en salsa

Ingredientes para 2 personas:

- 2 codillos de cerdo de 500 g
- 2 tomates maduros
- 1 cebolla grande
- 1 zanahoria
- 1 pimiento verde
- 80 ml de vino blanco
- 50 ml de coñac
- 30 g de manteca de cerdo
- 1 cucharada de pimentón dulce
- 1 cubito de caldo de carne
- Laurel
- Tomillo
- Aceite de oliva
- Pimienta negra
- Sal

Elaboración:

1. En una cazuela ancha derretimos la manteca de cerdo y agregamos un poco de aceite de oliva. Cuando esté caliente, marcamos a fuego alto los codillos, que habremos salpimentado previamente, dejando que se doren solo por fuera, y reservamos.

2. En el mismo aceite freímos a fuego alto la cebolla y la zanahoria troceadas para que cojan un poco de color. Agregamos el pimiento verde cortado y salteamos durante 5 minutos.

3. Incorporamos los tomates troceados y cocinamos otros 5 minutos. Seguidamente, añadimos el vino, el coñac y el pimentón y removemos para que no se queme. Echamos también las hierbas aromáticas, el cubito de caldo de carne desmenuzado y un poco de pimienta.

4. Añadimos los codillos que habíamos reservado y agua hirviendo hasta que cubra aproximadamente la mitad de la carne. Tapamos la cazuela y cocinamos a fuego lento durante 1 hora y 45 minutos, dando la vuelta de vez en cuando a la carne para que se cocine bien por los dos lados y vigilando que no se quede sin caldo.

5. Cuando los codillos están blandos, los sacamos de la cazuela, retiramos la hoja de laurel y trituramos la salsa; añadiremos un poco más de agua si queda muy espesa.

6. Cocemos 10 minutos los codillos en la salsa y corregimos de sal.

7. Dejamos reposar los codillos guisados durante al menos una hora y servimos con patatas fritas o arroz blanco.

Codornices con setas

Ingredientes para 2 personas:

- 4 codornices
- 250 g de setas congeladas
- 2 cebollas
- 1 zanahoria
- 3 dientes de ajo
- 200 ml de vino blanco
- 1 l de caldo de carne
- 15 bolitas de pimienta negra
- 1 cayena (opcional)
- Laurel
- Tomillo
- Aceite de oliva
- Sal

Elaboración:

1. Desplumamos las codornices, las lavamos, las abrimos por la mitad y las salamos. En una cazuela con aceite caliente las doramos por los dos lados.

2. Mientras se fríen, cortamos la cebolla en trozos grandes, la zanahoria en discos y machacamos un poco los ajos sin quitarles la piel. Lo incorporamos a la cazuela con las codornices y sofreímos todo junto a fuego fuerte hasta que la cebolla esté dorada.

3. Bajamos el fuego y, con cuidado, ya que el aceite está muy caliente, añadimos el vino. Removemos un poco y, cuando el alcohol se haya evaporado, agregamos la pimienta, la cayena y las hierbas aromáticas.

4. Incorporamos el caldo hirviendo y cocinamos a fuego bajo durante 10 minutos con la cazuela tapada.

5. A continuación, echamos las setas lavadas y un poco más de caldo si fuese necesario. Meneamos la cazuela para que se integre todo y cocinamos lentamente durante otros 35 minutos, hasta que las codornices estén blanditas. Comprobamos de sal y añadimos más caldo o agua hirviendo si queda muy seco.

6. Dejamos reposar; lo ideal es cocinar este plato un día antes de servir.

Colitas de rape con alioli

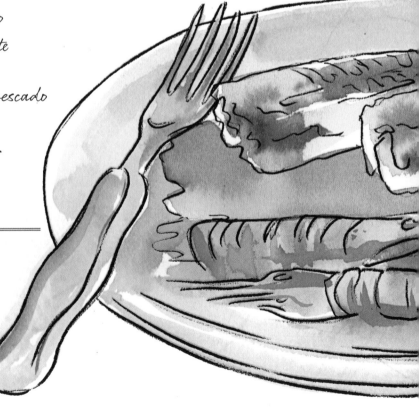

Ingredientes para 4 personas:

- 4 colitas de rape
- 8 cigalas o gambas
- 4 patatas
- 1 cebolla
- 100 ml de vino blanco
- 1 cucharada de tomate concentrado
- 400 ml de fumet de pescado
- Alioli
- Harina para rebozar
- Aceite de oliva
- Sal

Elaboración:

1. Salamos y enharinamos las colitas de rape y las freímos ligeramente por los dos lados. Reservamos.

2. En el mismo aceite sofreímos la cebolla picada y, cuando esté transparente, añadimos el vino blanco. Cuando se haya evaporado el alcohol, agregamos el tomate concentrado y el fumet de pescado.

3. Incorporamos las colitas de rape y su jugo a la salsa hirviendo, meneamos la cazuela y cocinamos durante 5 minutos.

4. Freímos las patatas en discos y las colocamos en el fondo de una bandeja para horno. Ponemos encima las colitas de rape con la salsa y cubrimos con abundante alioli.

5. Metemos el rape en el horno, para que se gratine, y dejamos que tome temperatura manteniendo un fuego bajo.

6. Pasamos las cigalas o las gambas por una plancha muy caliente, las rociamos con un poco de aceite de oliva y las salamos.

7. Emplatamos el marisco con las colitas de rape.

Conejo a la cerveza

Ingredientes para 4 personas:

- 1,2 kg de conejo troceado
- 300 ml de cerveza
- 2 cebollas grandes
- 3 dientes de ajo
- 80 g de tomate frito
- 1 cubito de caldo de carne
- 2 patatas para freír
- Harina
- Tomillo
- Aceite de oliva
- Pimienta negra
- Sal

Elaboración:

1. Salpimentamos el conejo y lo enharinamos; retiramos el exceso de harina y freímos el conejo en una cazuela con aceite caliente. Marcamos por los dos lados y reservamos.

2. Picamos bien la cebolla y el ajo y los sofreímos en el mismo aceite, a fuego bajo, hasta que la cebolla esté transparente. A continuación, añadimos el tomate frito y el conejo, mezclando para que todo quede bien integrado.

3. Añadimos la cerveza, el tomillo y el cubito de caldo de carne desmenuzado. Tapamos la cazuela y dejamos cocinar a fuego lento durante 40 minutos, añadiendo agua caliente si queda demasiado seco.

4. Freímos las patatas cortadas en cuadraditos y las incorporamos a la cazuela cuando la carne esté tierna. Corregimos de sal y cocinamos todo junto un par de minutos más.

5. Dejamos reposar una hora antes de servir.

Estofado de rabo de buey

Ingredientes para 8 personas:

- 2,5 kg de rabo de buey troceado
- 2 cebollas
- 2 zanahorias
- 150 g de panceta de cerdo
- 50 g de mantequilla
- 1 l de vino tinto
- 300 g de champiñones
- 1 cubito de caldo de carne
- Harina
- Laurel
- Tomillo
- Aceite de oliva
- Pimienta negra
- Sal

Elaboración:

1. En un recipiente que no sea de metal ponemos el rabo de buey, la cebolla y la zanahoria cortadas y el vino. Tapamos y lo dejamos macerar 24 horas.

2. Escurrimos la carne y las verduras y reservamos el vino.

3. En una sartén honda calentamos la mantequilla y el aceite y sellamos los trozos de rabo de buey, que habremos enharinado previamente. Añadimos también la panceta cortada en dados. Reservamos en una cazuela grande.

4. Bajamos el fuego, rehogamos las verduras maceradas y las ponemos con la carne. Añadimos el vino, las hierbas aromáticas, la pimienta y el cubito de caldo de carne y dejamos que cueza casi 2 horas a fuego bajo, vigilando que no se pegue e incorporando agua hirviendo si es necesario. Tiene que quedar caldosito.

5. En una sartén aparte salteamos los champiñones laminados con un poco de mantequilla y los incorporamos al estofado. Comprobamos de sal y cocinamos todo junto 5 minutos más.

6. Es importante cocinar este plato con un día de antelación para que repose bien antes de servir.

Estofado de ternera con setas y guisantes

Ingredientes para 6 personas:

- 800 g de ternera en dados
- 1 kg de patatas
- 300 g de níscalos (robellones)
- 3 tomates maduros
- 2 cebollas
- 150 g de guisantes congelados
- 50 ml de anís dulce
- 50 ml de ron negro
- 30 g de chocolate negro
- 1 cubito de caldo de carne
- 1 diente de ajo
- Laurel
- Tomillo
- Aceite de oliva
- Pimienta negra
- Sal

Elaboración:

1. Salpimentamos los dados de ternera y los doramos en una cazuela con aceite caliente. Añadimos la cebolla y el tomate sin piel, troceados, y lo pochamos todo a fuego bajo.

2. Agregamos el anís y el ron y dejamos que el alcohol se reduzca. Añadimos las hierbas aromáticas, el chocolate y el cubito de caldo de carne.

3. Incorporamos agua hirviendo para estofar la carne y cocemos a fuego bajo durante unos 30 o 40 minutos, hasta que la carne esté un poco tierna.

4. Pelamos las patatas y las chascamos al cortarlas. Las ponemos en la cazuela, añadimos un poco más de agua hirviendo y dejamos cocer durante 5 minutos.

5. Lavamos las setas y las doramos en un poco de aceite de oliva, con el ajo picado, durante 4 minutos. Salpimentamos e incorporamos los níscalos y su jugo al estofado.

6. Cocinamos durante 15 minutos, hasta que las patatas estén blanditas, y añadimos los guisantes y cocemos todo junto unos minutos más. Corregimos de sal si fuese necesario.

7. Dejamos reposar media hora antes de servir.

Fricandó de ternera con setas

Ingredientes para 4 personas:

- 8 filetes de ternera
- 300 g de cebolla
- 300 g de tomate
- 80 g de zanahoria
- 25 g de perretxikos
- 80 ml de vino blanco
- 10 g de harina
- 1 cubito de caldo de carne
- 12 almendras tostadas
- 2 dientes de ajo
- Perejil
- Aceite de oliva
- Pimienta negra
- Sal

Elaboración:

1. Rallamos la cebolla y pelamos y cortamos los tomates y las zanahorias.

2. Salpimentamos y enharinamos la carne y la freímos en aceite caliente para marcarla. Reservamos en una cazuela.

3. En el mismo aceite pochamos la cebolla y, cuando esté transparente, añadimos primero la zanahoria y después el tomate. Salpimentamos la salsa y añadimos la harina, removiendo para que se cueza.

4. Echamos el vino y, cuando se evapore el alcohol, incorporamos el cubito de caldo de carne y un poco de agua. Cuando arranque a hervir, apartamos del fuego y trituramos la salsa.

5. Vertemos la salsa en la cazuela con la carne, removemos y dejamos cocer a fuego lento durante 15-20 minutos.

6. Majamos los ajos pelados, las almendras y el perejil e incorporamos la picada a la cazuela de la carne.

7. Añadimos las setas bien lavadas y escurridas. Si utilizamos perretxikos secos, los hidratamos durante media hora en agua fría antes de cocinarlos.

8. Añadimos más agua si es necesario para que no se pegue y tapamos la cazuela. Cocinamos a fuego lento durante media hora.

9. Podemos acompañar con arroz blanco o con patatas fritas.

Lomo relleno de jamón y setas

Ingredientes para 8 personas:

- 1,250 kg de cinta de lomo de cerdo
- 120 g de jamón serrano
- 500 g de setas variadas
- 400 g de níscalos (robellones)
- 70 g de queso emmental rallado
- 70 g de nueces
- 70 ml de ron negro
- 1 huevo
- 1 cebolla grande
- 1 tomate maduro
- 1 zanahoria
- 1 puerro
- 1 cubito de caldo de carne
- Aceite de oliva
- Pimienta negra
- Tomillo
- Sal

Elaboración:

1. Limpiamos las setas; si es necesario, las pasamos por un poco de agua y las escurrimos bien.

2. En una sartén grande con aceite caliente salteamos los níscalos durante un par de minutos y salpimentamos. Reservamos y pasamos a otro recipiente el jugo que han soltado. Repetimos el mismo proceso con el resto de las setas, las dejamos enfriar en una bandeja aparte y juntamos el jugo con el de los níscalos.

3. Batimos un huevo y le añadimos todas las setas salvo los níscalos, el queso rallado y el jamón y las nueces cortados en trocitos. Mezclamos bien.

4. Salamos ligeramente la cinta de lomo, que habremos pedido a nuestro carnicero que abra para que quede una plancha. Ponemos el relleno en el centro del lomo, donde se junta el corte, y enrollamos desde el extremo más cercano a nosotros, apretando bien. Atamos con un cordel alimentario, primero a lo largo y después a lo ancho. Salamos por fuera.

5. En una cazuela con aceite de oliva muy caliente sellamos la carne hasta que esté dorada por fuera y la reservamos. En el mismo aceite ponemos las verduras troceadas pequeñas y sofreímos a fuego bajo hasta que estén blandas. Añadimos el ron, agua hirviendo, el cubito de caldo y el tomillo y cocemos durante un par de minutos.

6. Incorporamos la carne y el jugo de las setas a la cazuela. Cocinamos durante 30-40 minutos a fuego bajo con la cazuela tapada, vigilando que no le falte salsa y añadiendo agua hirviendo si fuese necesario.

7. Sacamos la carne de la cazuela y la reservamos. Trituramos la salsa hasta que quede bien fina, añadiendo agua si está muy espesa. Cocemos los níscalos en la salsa durante 5 minutos.

8. Cuando el lomo esté totalmente frío, quitamos el cordel y cortamos el lomo con un cuchillo eléctrico.

9. Se puede calentar dentro del horno tapado con papel de aluminio. Lo servimos con la salsa aparte.

lubina al horno con patatas

Ingredientes para 4 personas:

- 2 lubinas de unos 750 g
- 300 ml de fumet de pescado
- 4 patatas
- 1 cebolla grande
- 2 tomates maduros
- 80 ml de vino blanco
- 1 hoja de laurel
- Aceite de oliva
- Ajo
- Perejil
- Pimienta negra
- Sal

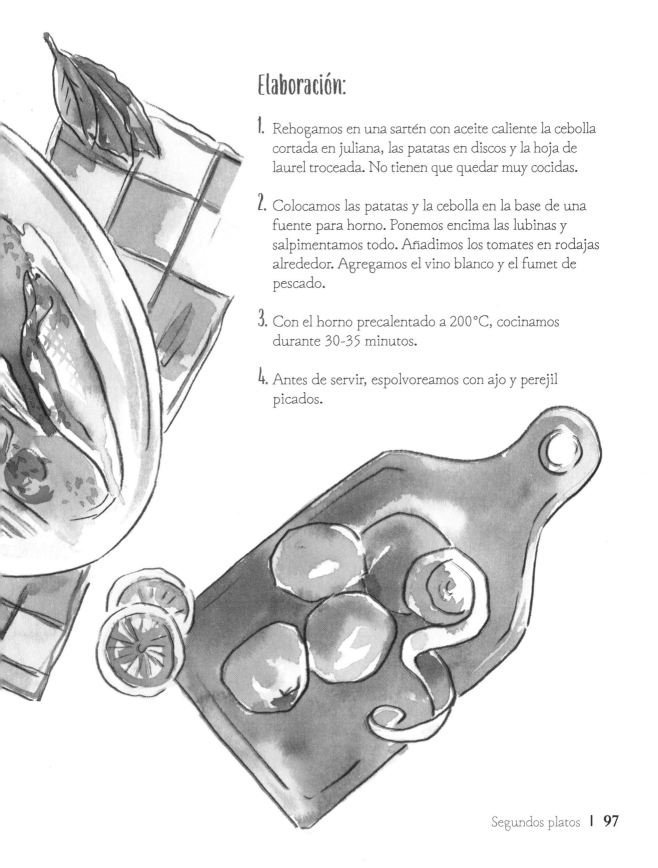

Elaboración:

1. Rehogamos en una sartén con aceite caliente la cebolla cortada en juliana, las patatas en discos y la hoja de laurel troceada. No tienen que quedar muy cocidas.

2. Colocamos las patatas y la cebolla en la base de una fuente para horno. Ponemos encima las lubinas y salpimentamos todo. Añadimos los tomates en rodajas alrededor. Agregamos el vino blanco y el fumet de pescado.

3. Con el horno precalentado a 200°C, cocinamos durante 30-35 minutos.

4. Antes de servir, espolvoreamos con ajo y perejil picados.

Merluza con salsa romesco

Ingredientes para 4 personas:

- 8 rodajas gruesas de merluza
- 16 almejas
- 3 patatas
- 800 ml de caldo de pescado
- 200 g de salsa romesco
- Harina
- Aceite de oliva
- Sal

Elaboración:

1. Freímos el pescado, que habremos salado y enharinado previamente. Cuando esté doradito por los dos lados, lo colocamos en papel absorbente.

2. En una cazuela ponemos la salsa romesco y, cuando esté caliente, añadimos el caldo de pescado. Seguidamente, echamos las patatas cortadas en discos y las dejamos cocer con la cazuela tapada.

3. Cuando las patatas estén casi listas, incorporamos la merluza y las almejas, que previamente habremos tenido en remojo en agua con sal durante media hora. Tapamos la cazuela para que se cocine todo junto durante 5 minutos a fuego bajo.

4. Dejamos reposar de 5 a 10 minutos antes de servir.

Merluza con salsa verde

Ingredientes para 3 personas:

- 6 rodajas gruesas de merluza
- 350 g de almejas grandes
- 70 ml de vino blanco
- 300 ml de caldo de pescado
- 4 dientes de ajo
- 1 cebolla mediana
- 3 cucharadas de perejil picado
- 1 cucharada de harina
- Aceite de oliva
- Sal
- Pimienta negra

Elaboración:

1. Sofreímos los ajos y la cebolla finamente picados en una cazuela con aceite de oliva. Añadimos la harina y removemos y, seguidamente, vertemos el vino blanco.

2. Cuando el alcohol se haya evaporado, agregamos el caldo de pescado, el perejil picado y un poco de pimienta, y meneamos la cazuela para que la salsa quede bien ligada.

3. Salamos la merluza, la cocinamos en la salsa durante 2 minutos y le damos la vuelta. Añadimos las almejas limpias y dejamos hervir todo junto hasta que se abran.

4. Ponemos un poco de perejil por encima para decorar.

Osobuco a la milanesa

Ingredientes para 4 personas:

- 4 rodajas gruesas de osobuco
- 2 tomates maduros
- 1 cebolla grande
- 2 zanahorias
- 1 trozo de apio sin hojas
- 4 dientes de ajo
- 150 ml de vino blanco
- 1 cubito de caldo de carne
- Ralladura de la piel de un limón
- Harina
- Perejil picado
- Aceite de oliva
- Pimienta negra
- Sal

Elaboración:

1. Hacemos unos cortes en el reborde de la carne para que no se encoja al cocer, la salpimentamos y enharinamos por los dos lados y la freímos en aceite bien caliente hasta que esté dorada. Reservamos.

2. En el mismo aceite rehogamos la cebolla, la zanahoria, el apio y tres dientes de ajo cortados pequeñitos. Añadimos el tomate troceado y sin piel y sofreímos todo junto.

3. Seguidamente, añadimos el vino blanco, la carne y el jugo que esta haya soltado. Incorporamos también el cubito de caldo desmenuzado y agua caliente hasta que casi cubra el osobuco.

4. Tapamos la cazuela y dejamos cocer a fuego lento durante 90 minutos, hasta que la carne esté muy tierna, añadiendo agua si fuese necesario.

5. Retiramos el osobuco de la cazuela y trituramos las verduras para hacer la salsa. Añadimos de nuevo la carne y corregimos de sal.

6. Preparamos una salsa gremolata mezclando el perejil, el ajo picado y la ralladura de limón, la agregamos a la salsa y dejamos cocer unos 10 minutos.

7. Es preferible cocinar este osobuco el día anterior. Lo acompañamos con arroz hervido.

Paletilla de cordero asada

Ingredientes para 6 personas:

- 2 paletillas de cordero troceadas
- 500 ml de vino blanco
- 1 kg de patatas
- 1 vaso de agua
- Manteca de cerdo
- Pimienta negra
- Sal

Elaboración:

1. Untamos el cordero con abundante manteca de cerdo por los dos lados y lo colocamos en una fuente para horno (si es posible, de barro). Salpimentamos las paletillas y añadimos el vino blanco.

2. Tapamos con papel de aluminio y dejamos macerar durante una hora; le damos la vuelta y dejamos reposar una hora más.

3. Con el horno precalentado a 200°C, metemos el cordero tapado con calor arriba y abajo. Si lo hacemos en horno de leña, lo cocinamos solo con las brasas.

4. Pasados 30 minutos, quitamos el papel de aluminio, le damos la vuelta y añadimos el vaso de agua. Horneamos hasta que se dore por arriba.

5. Mientras tanto, freímos ligeramente las patatas, que habremos pelado y cortado en rodajas, les ponemos una pizca de sal y las colocamos en el fondo de la fuente. Aprovechamos para volver a darle la vuelta al cordero.

6. Vigilamos que el asado no se quede sin jugo, incorporando agua si es necesario, y cocinamos todo junto hasta que el cordero esté dorado.

Pollo con miel y mostaza

Ingredientes para 4 personas:

- 1 pollo troceado a octavos
- 3 cucharadas de miel de romero
- 2 cucharadas de mostaza de Dijon
- 4 cucharadas de aceite de oliva
- 100 ml de vino blanco
- 1 cubito de caldo de carne
- Pimienta negra
- Romero fresco
- Sal

Elaboración:

1. Calentamos la miel en el microondas hasta que quede líquida y la mezclamos con la mostaza, 4 cucharadas de aceite de oliva y unas hojitas de romero.

2. Salpimentamos el pollo por los dos lados, lo pintamos con la salsa de miel y lo colocamos en una fuente para horno en la que habremos vertido el vino. Echamos la salsa de miel que nos sobre y el cubito de caldo de carne, desmenuzado, por encima del pollo.

3. Cocinamos el pollo durante media hora en el horno precalentado a 200°C con calor arriba y abajo. Le damos la vuelta y horneamos 10 minutos más, hasta que esté doradito.

Pollo de corral relleno

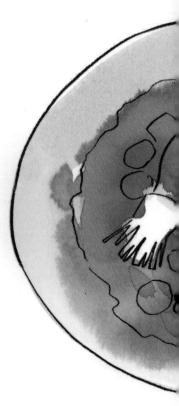

Ingredientes para 4 personas:

- 1 pollo de corral de 2 kg
- 250 g de ciruelas
- 250 g de orejones
- 25 g de piñones
- 175 g de salchichas de cerdo
- 2 manzanas golden
- 1 limón
- 2 cebollas

- 1 cabeza de ajos
- 100 ml de coñac
- Manteca de cerdo
- Laurel
- Tomillo
- Aceite de oliva
- Pimienta negra
- Sal

Elaboración:

1. En una sartén con un poco de aceite freímos las salchichas cortadas pequeñas y las reservamos. Repetimos el mismo proceso con los piñones hasta que estén dorados.

2. Preparamos el relleno: escaldamos las ciruelas y mezclamos la mitad con la mitad de los orejones, una manzana y medio limón cortados en trocitos, añadimos las salchichas y los piñones y lo mezclamos todo bien.

3. Salpimentamos el pollo por fuera y por dentro y lo embadurnamos con manteca de cerdo. Lo rellenamos, cerramos las aberturas con unos palillos y atamos las patas con cordel alimentario.

4. Colocamos el pollo en una fuente para horno y ponemos alrededor la cebolla, el medio limón que queda y la otra manzana cortados en trozos grandes. Añadimos también los ajos desgranados y las ciruelas y los orejones restantes.

5. Salpimentamos, espolvoreamos con el tomillo y la hoja de laurel cortada en trozos pequeños y regamos todo con coñac.

6. Horneamos a 200°C con calor arriba y abajo durante media hora, le damos la vuelta y cocinamos otros 30 minutos, vigilando que la guarnición no se queme. Podemos añadir un poco más de manteca o de agua si es necesario.

7. Tapamos la fuente con papel de aluminio y horneamos durante 60 minutos más, hasta que el pollo esté tierno.

Pollos picantones con ciruelas y orejones

Ingredientes para 4 personas:

- 2 pollos picantones troceados
- 100 g de beicon
- 1 cebolla grande
- 1 zanahoria
- 50 g de nueces
- 12 ciruelas pasas
- 12 orejones
- 70 ml de coñac
- 1 cubito de caldo de carne
- Tomillo
- Aceite de oliva
- Pimienta negra
- Sal

Elaboración:

1. Salpimentamos los picantones y los freímos en una cazuela con aceite de oliva. Reservamos.

2. Cortamos la zanahoria y la cebolla y la sofreímos con el fuego bajo unos 5 minutos. Cuando la cebolla esté blandita añadimos el beicon cortado en dados grandes y le damos unas vueltas.

3. A continuación, agregamos los orejones, las ciruelas y las nueces y añadimos el coñac con cuidado.

4. Una vez se evapore el alcohol, incorporamos los picantones, el tomillo, el cubito de caldo de carne y agua hirviendo. Tapamos la cazuela y cocinamos a fuego bajo durante 30-40 minutos, hasta que la carne esté blanda. Removemos de vez en cuando, vigilamos que no quede seco y comprobamos de sal.

5. Dejamos que repose media hora antes de servir.

Rape a l'all cremat

Ingredientes para 4 personas:

- 8 rodajas gruesas de rape
- 300 g de almejas
- 600 g de patatas
- 8 dientes de ajo
- 2 tomates maduros grandes
- 4 rebanadas de pan
- 500 ml de fumet de pescado
- Perejil
- Aceite de oliva
- Pimienta negra
- Sal

Elaboración:

1. Pelamos los ajos, los cortamos en láminas y los freímos en abundante aceite de oliva hasta que estén dorados, con cuidado de que no lleguen a quemarse. Reservamos en un mortero.

2. En el mismo aceite repetimos el proceso con las rebanadas de pan, que serán preferiblemente del día anterior, y con el perejil, que salpicará un poco. Lo majamos todo junto en el mortero y añadimos un poco del fumet de pescado.

3. En la cazuela sofreímos a fuego bajo el tomate, que habremos pelado y cortado en trozos pequeños. Pasados unos minutos, echamos el majado, un poco de pimienta y el resto del fumet.

4. Pelamos y chascamos las patatas y las añadimos a la salsa hirviendo. Cocemos hasta que estén un poco blanditas y añadimos el rape y las almejas, que habremos tenido en remojo en agua con sal durante una hora. Tapamos la cazuela y cocinamos durante 10 minutos más, añadiendo agua si fuese necesario.

5. Dejamos reposar media hora antes de servir.

Suquet de rape

Ingredientes para 4 personas:

- 8 rodajas grandes de rape
- 800 ml de fumet de pescado
- 750 g de patatas
- 500 g de tomates maduros
- 80 ml de vino blanco
- 20 almendras crudas sin piel
- 4 dientes de ajo

- 3 rebanadas de pan
- 1 cucharadita de pimentón dulce
- Una pizca de azúcar
- Perejil picado
- Pimienta negra
- Sal

Elaboración:

1. En una sartén pequeña freímos en aceite de oliva 2 dientes de ajo pelados y las almendras. Reservamos en papel absorbente y repetimos el mismo proceso con las rebanadas de pan.

2. Pasamos el aceite de freír a una cazuela grande, añadimos un poco más si es necesario y echamos el resto de los ajos picados. A continuación, incorporamos los tomates rallados con una pizca de azúcar y sofreímos todo durante 7 minutos.

3. Agregamos el pimentón, removiendo para que no se queme, y el vino. Cuando se evapore el alcohol, echamos el perejil picado y las patatas, que habremos pelado y chascado.

4. Seguidamente, vertemos el fumet de pescado, reservando un poco por si hubiese que añadir más adelante, y dejamos cocer durante un cuarto de hora a fuego bajo y con la cazuela tapada.

5. Preparamos la picada machacando en el mortero las almendras, el pan y los ajos que habíamos reservado. Añadimos un poco de sal y perejil picado y mezclamos.

6. Echamos la picada en la cazuela, integramos con la salsa y dejamos cocer un par de minutos. También podemos añadir un poco de pimienta.

7. Salamos el rape y lo incorporamos a la cazuela. Cocinamos durante unos 7 minutos más a fuego bajo y removiendo de vez en cuando. Comprobamos de sal.

8. Dejamos reposar media hora antes de servir.

Ternera con salsa de vino tinto

Ingredientes para 4 personas:

- 800 g de ternera en dados
- 4 patatas
- 2 cebollas
- 2 tomates maduros
- 3 dientes de ajo
- 3 zanahorias
- 500 ml de vino tinto
- 1 cubito de caldo de carne
- Tomillo
- Laurel
- Aceite de oliva
- Harina
- Pimienta negra
- Sal

Elaboración:

1. Salpimentamos y enharinamos la carne y la sellamos ligeramente en una cazuela con aceite de oliva. Reservamos.

2. En el mismo aceite sofreímos a fuego bajo, durante un par de minutos, la cebolla y el ajo picados. Añadimos la zanahoria troceada.

3. Cuando la cebolla esté blandita, incorporamos la carne con el jugo que haya soltado y el tomate cortado pequeño. Cocemos todo junto durante 3 minutos a fuego bajo.

4. Echamos el vino tinto, las hierbas aromáticas, el cubito de caldo de carne y agua hirviendo hasta que cubra la carne. Tapamos y cocinamos unos 90 minutos, hasta que la carne esté tierna. Vamos agregando agua conforme sea necesario para que no se quede sin caldo, comprobamos de sal y añadimos pimienta.

5. Cortamos las patatas en cuadraditos y las freímos. Salamos ligeramente y las incorporamos al estofado. Cocinamos todo junto 4 minutos más.

6. Dejamos reposar media hora antes de servir.

Zarzuela de pescado y marisco

Ingredientes para 4 personas:

- 4 rodajas de merluza
- 4 rodajas de rape
- 4 cigalas o gambas
- 4 langostinos
- 16 mejillones grandes
- 20 almejas
- 20 anillas de calamar
- 2 cebollas
- 2 dientes de ajo
- 4 tomates maduros

- 100 ml de vino blanco
- 9 almendras tostadas
- 2 rebanadas de pan frito
- 1 cubito de caldo de pescado
- Una pizca de azúcar
- Harina
- Aceite de oliva
- Perejil
- Pimienta negra
- Sal

Elaboración:

1. Ponemos una sartén al fuego y freímos en abundante aceite de oliva las rodajas de merluza y de rape enharinadas. Reservamos en una cazuela de barro grande. Freímos ligeramente las cigalas o las gambas y los langostinos y reservamos también.

2. En el mismo aceite echamos la cebolla rallada y las anillas de calamar, y rehogamos todo junto hasta que la cebolla esté dorada.

3. Agregamos los tomates rallados con una pizca de azúcar y sofreímos a fuego bajo, removiendo de vez en cuando, hasta que el tomate quede como una mermelada.

4. Ponemos un cazo al fuego con un poco de agua y sal y añadimos los mejillones. Cuando se abran, colamos el caldo y lo reservamos, y pasamos los mejillones a la cazuela de barro.

5. En una sartén con un poquitín de aceite ponemos las almejas limpias, las tapamos, y a medida que se abran las vamos retirando e incorporando a la cazuela de barro.

6. Echamos el vino blanco al sofrito y cuando se reduzca agregamos el caldo de los mejillones y el cubito de caldo de pescado. Removemos y dejamos cocer a fuego lento durante unos 5 minutos.

7. Pasamos el sofrito a la cazuela de barro y lo distribuimos bien. Tapamos y dejamos cocer 5 minutos más a fuego lento. Se puede añadir un poco más de agua si es necesario.

8. Hacemos una picada majando los ajos, las almendras, las 2 rebanadas de pan frito, perejil y pimienta. Añadimos un poco de agua a la picada y la incorporamos a la cazuela. Dejamos que hierva 3 minutos más y vamos meneando la cazuela para que el pescado no se pegue.

9. Es importante que repose un rato antes de servir. Para calentarla es mejor hacerlo en el horno, con la cazuela tapada.

POSTRES

y pastelería

Arroz con leche

Ingredientes para 4 personas:

- 1,1 l de leche
- 100 g de arroz
- 125 g de azúcar
- 25 g de mantequilla
- 2 ramas de canela
- Cáscara de un limón
- Canela en polvo

Elaboración:

1. Calentamos en un cazo la leche, la cáscara de limón, la canela en rama y el azúcar.

2. Cuando hierva, añadimos el arroz y cocinamos durante 40 minutos a fuego lento, removiendo sin parar para que no se pegue.

3. Quitamos la rama de canela y la cáscara de limón, añadimos la mantequilla cortada en trozos pequeños y dejamos reposar 5 minutos.

4. Emplatamos y, cuando esté frío, lo guardamos en el frigorífico hasta el momento de servir.

5. Decoramos con un poco de canela en polvo.

Brazo de gitano

Ingredientes para 6 personas:

- 75 g de harina
- 75 g de azúcar
- 3 yemas de huevo
- 3 claras de huevo
- Una pizca de sal
- 1 sobre de levadura
- 1 cucharada de azúcar vainillado
- Crema pastelera o nata

Elaboración:

1. Montamos las claras con la pizca de sal, el azúcar vainillado y la mitad del azúcar normal hasta que estén a punto de nieve.

2. En otro bol añadimos el resto del azúcar a las yemas y las batimos muy bien. Vamos incorporando poco a poco las claras montadas e integramos todo con movimientos envolventes.

3. Añadimos a la masa la harina y la levadura, que habremos tamizado, y lo mezclamos todo igual que antes.

4. Con una manga pastelera de punta fina distribuimos la masa en una bandeja con papel de hornear. Nos ayudamos de una espátula para acabar de aplanarla hasta que quede una plancha fina.

5. Cocinamos 10 minutos con el horno precalentado a 180°C y con calor arriba y abajo.

6. Cuando la masa esté templada, la colocamos sobre un paño de cocina limpio, retiramos el papel de hornear y cortamos los bordes para que quede rectangular. La enrollamos con cuidado junto con el paño para que coja la forma del brazo de gitano y la dejamos enfriar así.

7. Desenrollamos con cuidado y rellenamos con crema o nata; distribuimos bien, pero dejamos uno de los extremos sin nada para que nos haga de cierre.

8. Volvemos a enrollar, ponemos por encima una capa de crema, la espolvoreamos con azúcar y caramelizamos con un soplete.

Budín de pan

Ingredientes para 12 personas:

Para el budín:

- 1 l de leche
- 200 g de miga de pan
- 250 g de azúcar
- 8 huevos
- 50 g de mantequilla
- 1 rama de canela
- Cáscara de limón
- 80 g de pasas de Corinto (opcional)
- 80 ml de ron negro (opcional)

Para el caramelo:

- 300 g de azúcar
- 12 cucharadas de agua
- Unas gotas de limón

Elaboración:

1. Calentamos en un cazo la leche, la canela y la cáscara de limón hasta que rompa a hervir y la colamos.

2. Cortamos la miga de pan en cuadraditos y los añadimos a la leche caliente. Dejamos reposar un poco, hasta que el pan se haya empapado bien.

3. Preparamos el caramelo líquido: calentamos en un cazo a fuego bajo el azúcar y el agua con un chorrito de limón y vamos removiendo hasta que tenga el color tostado del caramelo.

4. En un bol grande batimos los huevos con el azúcar y añadimos la mantequilla derretida. Agregamos el pan y la leche que habíamos reservado y trituramos todo con una batidora eléctrica.

5. Podemos añadir las pasas de Corinto bien escurridas después de haberlas hidratado en el ron durante media hora.

6. Distribuimos el caramelo en la base de dos moldes de unos 25 × 10,5 cm y vertemos la mezcla del budín.

7. Con el horno precalentado a 200 °C y calor solo por abajo, colocamos agua caliente en una bandeja de horno y cuando empiece a hervir metemos los moldes. Cocinamos al baño maría durante 50 minutos o hasta que introduzcamos un palillo y salga casi seco.

8. Dejamos enfriar y guardamos en el frigorífico tapado durante 6 horas.

9. Despegamos los bordes con ayuda de un cuchillo y desmoldamos antes de servir.

Buñuelos de viento

Ingredientes para 6 personas:

- 60 g de harina
- 20 g de azúcar
- 25 g de mantequilla
- 140 ml de leche
- 2 huevos
- ½ sobre de levadura
- 1 cucharadita de sal
- Aceite de girasol

Elaboración:

1. En un cazo a fuego medio ponemos la leche, la mantequilla, el azúcar y la sal y removemos constantemente hasta que la mezcla empiece a hervir.

2. Ponemos en un bol la harina y la levadura, añadimos la mezcla anterior e integramos todo hasta que empiece a despegarse de las paredes del recipiente. Dejamos enfriar.

3. Añadimos los huevos, batidos uno a uno, y mezclamos todo bien hasta conseguir una textura homogénea, ni muy líquida ni muy espesa.

4. Con la ayuda de dos cucharas damos forma a los buñuelos, los echamos directamente en el aceite de girasol caliente y los freímos hasta que estén doraditos.

5. Los servimos bañados en azúcar.

Coca de vidre con anís

Ingredientes para 16 personas:

- 500 g de harina
- 50 g de mantequilla
- 100 ml de leche
- 20 g de azúcar
- 10 g de sal
- 25 g de levadura de panadería
- 50 ml de aceite de oliva
- 60 ml de anís
- Piñones (opcional)

Elaboración:

1. Tamizamos la harina, añadimos el azúcar, la sal, la leche, el aceite y el anís, y amasamos.

2. Una vez integrado todo, incorporamos la mantequilla a temperatura ambiente y continuamos amasando. Cuando la masa esté homogénea, agregamos la levadura disuelta en un poquitín de agua y amasamos de nuevo.

3. Cuando se desprenda un poco de las paredes del bol, ponemos la masa sobre una superficie enharinada y dejamos reposar 10 minutos tapada con un paño de cocina limpio.

4. Cortamos la masa en trozos de unos 100 g (nos saldrán unos 8 trozos) y les damos forma de bola. Dejamos reposar 5 minutos más.

5. Engrasamos con aceite un rodillo y estiramos la masa hasta que quede muy fina y con forma alargada.

6. Colocamos la masa en una bandeja de horno con un poco de aceite para que no se pegue y dejamos que repose durante 10 minutos más tapada con el paño.

7. Pintamos la masa con bastante aceite de oliva y, si queremos, añadimos los piñones, que previamente habremos remojado en agua.

8. Espolvoreamos con bastante azúcar y cocinamos durante 8 minutos con el horno precalentado a 250°C y con calor arriba y abajo.

9. Sacamos del horno y pintamos la coca con anís.

Crema catalana

Ingredientes para 6 personas:

- 1 l de leche
- 200 g de azúcar
- 8 yemas de huevo
- 25 g de maicena
- Cáscara de un limón
- Canela en rama
- Azúcar para tostar

Elaboración:

1. Disolvemos la maicena en un vaso de leche y lo incorporamos en un bol. Añadimos las yemas de huevo y el azúcar y batimos todo bien.

2. En un cazo a fuego bajo calentamos el resto de la leche con la canela en rama y la cáscara de limón. Retiramos del fuego cuando empiece a hervir y colamos.

3. Vertemos la mezcla de las yemas y el azúcar en el cazo con la leche infusionada y lo integramos todo.

4. Cocinamos a fuego muy bajo, removiendo sin parar para que no se pegue, hasta que empiece a hervir de nuevo y espese.

5. Emplatamos la crema en recipientes individuales de barro y dejamos enfriar.

6. Antes de servir, espolvoreamos azúcar por encima y lo caramelizamos con ayuda de un soplete.

Crema pastelera

Ingredientes para 6 personas:

- 1 l de leche entera
- 200 g de azúcar glas
- 70 g de maicena
- 6 yemas de huevo
- 20 g de mantequilla
- Canela en rama
- Cáscara de limón
- Azúcar vainillado

Elaboración:

1. Calentamos en un cazo 750 ml de leche junto con la cáscara de limón, la ramita de canela y el azúcar vainillado. Cuando hierva, dejamos enfriar y reservamos.

2. Echamos en un bol el resto de la leche y añadimos el azúcar glas y la maicena. Removemos bien y mezclamos las yemas de los huevos.

3. Colamos la leche infusionada y añadimos la mezcla anterior. Cuando esté todo integrado, cocinamos a fuego muy bajo sin dejar de remover, hasta que consigamos una textura espesita.

4. Retiramos del fuego, añadimos la mantequilla a temperatura ambiente y removemos bien.

5. Una vez se haya enfriado, podemos guardar la crema pastelera en el frigorífico, siempre tapada.

Cuajada de chocolate con frambuesas

Ingredientes para 6 personas:

Para la cuajada:

- 650 ml de leche
- 75 g de chocolate fondant (70% de cacao)
- 60 g de azúcar
- 3 hojas de gelatina neutra

Para la salsa de chocolate:

- 225 ml de leche
- 180 g de chocolate fondant (70% de cacao)
- 60 g de miel

Para decorar:

- Frambuesas
- Hojas de menta

Elaboración:

1. Calentamos en un cazo la leche y el azúcar y le añadimos la gelatina bien escurrida (previamente la habremos hidratado en agua fría unos 5 minutos). Removemos.

2. Agregamos el chocolate troceado y damos vueltas hasta que se disuelva.

3. Cuando la mezcla esté tibia, la vertemos en recipientes individuales rellenándolos hasta un poco más de la mitad. Dejamos enfriar durante 5 horas en el frigorífico.

4. Para la salsa de chocolate, ponemos en un cazo la leche y la miel, que habremos calentado un poco previamente en el microondas. Cuando empiece a hervir, agregamos el chocolate en trocitos muy pequeños y removemos hasta que todo quede bien integrado.

5. Cuando la salsa se haya enfriado, la vertemos encima de la cuajada y decoramos con las frambuesas y unas hojitas de menta antes de servir.

Flan de huevo con nata

Ingredientes para 8 personas:

Para el flan:

- 5 huevos
- 750 ml de leche
- 150 g de azúcar

Para la nata:

- 500 ml de nata para montar (35% de materia grasa)
- 1 cucharada de azúcar

Para el caramelo:

- 200 g de azúcar
- 4 cucharadas de agua

Elaboración:

1. Preparamos el caramelo calentando el azúcar y el agua en un cazo hasta que coja un tono dorado y lo vertemos en el fondo de unas flaneras individuales, distribuyéndolo para que llegue a las paredes.

2. Mezclamos los huevos y el azúcar y, seguidamente, añadimos la leche. Integramos todo bien y vertemos la mezcla en las flaneras.

3. Con el horno precalentado a 190 °C con calor abajo, colocamos las flaneras en una bandeja de horno con agua hirviendo que cubra hasta la mitad de las flaneras.

4. Cocinamos al baño maría durante una hora y dejamos enfriar. Los tapamos y los dejamos reposar en el frigorífico, sin desmoldar, durante 6 horas.

5. Montamos la nata con la ayuda de unas varillas. Cuanto más fría esté, más fácilmente montará (nosotros la ponemos en el congelador 10 minutos antes de prepararla). Añadimos el azúcar en mitad del proceso y continuamos hasta que tenga la textura deseada.

6. Desmoldamos los flanes con la ayuda de un cuchillo y servimos con la nata.

Hojaldre con crema y fresas

Ingredientes para 6 personas:

- 1 masa de hojaldre rectangular
- 300 g de fresas
- 3 cucharadas de mermelada de fresa
- 2 cucharadas de agua
- 1 huevo
- Crema pastelera

Elaboración:

1. En una plancha para horno colocamos el hojaldre sobre papel vegetal y cortamos por la mitad, formando dos tiras largas y anchas.

2. Pinchamos la base y dejamos un margen sin pinchar de 1,5 cm a cada lado. Ponemos un peso encima de la superficie pinchada para que no suba (unos garbanzos crudos, por ejemplo) y pintamos los bordes con huevo batido.

3. Precalentamos el horno a 190°C con calor arriba y abajo y horneamos el hojaldre durante 20 minutos. Dejamos enfriar totalmente antes de quitar el peso.

4. Rellenamos el centro con crema pastelera, procurando que quede lisa, y colocamos las fresas por encima. (Podemos utilizar la fruta que queramos.)

5. Diluimos la mermelada con el agua, utilizando la batidora si hace falta, y pintamos por encima la fruta y los bordes para que queden brillantes.

Magdalenas de naranja

Ingredientes para 10 personas:

- 270 g de azúcar
- 320 g de harina
- 90 ml de leche
- 290 ml de aceite de girasol
- 4 huevos
- 2 cucharadas de miel
- 1 sobre de levadura
- 1 cucharada de agua de azahar (opcional)
- Ralladura de una naranja

Elaboración:

1. Batimos los huevos y el azúcar hasta que la mezcla doble su volumen. Añadimos la leche, la ralladura de naranja, el agua de azahar y la miel. Batimos de nuevo y agregamos el aceite poco a poco.

2. Tamizamos la harina y la levadura y las incorporamos a la mezcla. Continuamos batiendo durante unos minutos más.

3. Tapamos la masa y la dejamos reposar durante media hora.

4. Con una manga pastelera rellenamos los moldes de las magdalenas hasta tres cuartas partes de su capacidad y espolvoreamos con un poco de azúcar.

5. Precalentamos el horno a 200 °C con calor arriba y abajo y horneamos durante 15 minutos aproximadamente; comprobamos que estén listas hincando un palillo.

Milhojas de nata

Ingredientes para 5 personas:

Para la base:
- 2 placas de masa de hojaldre rectangulares
- Azúcar

Para el relleno:
- 500 ml de nata para montar (35% de materia grasa)
- 75 g de queso cremoso
- 50 g de azúcar

Para decorar:
- 50 g de chocolate para fundir
- 70 g de azúcar glas
- Unas gotas de agua

Elaboración:

1. En una bandeja para horno extendemos papel vegetal y colocamos una masa de hojaldre encima. Espolvoreamos con abundante azúcar y pasamos suavemente el rodillo por encima. Tapamos con otro papel vegetal, le damos la vuelta al hojaldre y espolvoreamos con azúcar el otro lado.

2. Pinchamos con un tenedor toda la masa para que no suba, la cortamos en 8 porciones de 8 × 12 cm y las separamos un poco para que no se peguen al cocinarse.

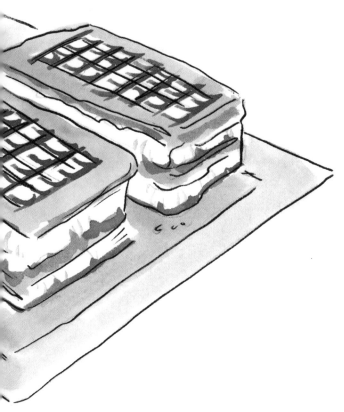

3. Precalentamos el horno a 180°C con calor arriba y abajo y horneamos durante 18 minutos. Si el hojaldre se empieza a hinchar durante la cocción, podemos pinchar de nuevo las porciones. Dejamos enfriar, repetimos el mismo proceso con la otra plancha de hojaldre y reservamos.

4. Con unas varillas montamos la nata, que previamente habremos dejado enfriar en el congelador durante 10 minutos. Añadimos el queso cremoso a mitad del proceso y continuamos batiendo. Incorporamos el azúcar y seguimos montando hasta conseguir la textura deseada.

5. Para la decoración, agregamos al azúcar glas unas gotitas de agua hasta conseguir una textura muy espesa, casi sólida. Mojamos 5 de las porciones de hojaldre en la glasa y decoramos por encima con el chocolate derretido. Dejamos enfriar en el frigorífico unos 10 minutos.

6. Disponemos en una fuente las porciones de hojaldre sin decorar y las cubrimos con nata con ayuda de una manga pastelera. Tapamos con otra capa de hojaldre sin decorar y repetimos el proceso con la nata. Acabamos con una capa de hojaldre decorada.

Mousse ligera de albaricoques

Ingredientes para 6 personas:

- 500 g de albaricoques
- 400 ml de leche evaporada
- 2 claras de huevo
- 100 g de azúcar
- 3 hojas de gelatina neutra
- Una pizca de sal
- 1 ramita de menta

Elaboración:

1. Trituramos los albaricoques pelados y cortados en trozos pequeños junto con la mitad del azúcar.

2. Calentamos en un cazo los albaricoques triturados y, cuando empiecen a hervir, retiramos del fuego y añadimos la gelatina, que previamente habremos hidratado en agua fría durante 5 minutos. Removemos hasta que todo quede bien integrado y dejamos entibiar.

3. Empezamos a montar las claras con una pizca de sal y, cuando casi estén listas, añadimos el resto del azúcar. Continuamos batiendo hasta que queden a punto de nieve.

4. Montamos también la leche evaporada y añadimos los albaricoques triturados mezclando con movimientos envolventes. Agregamos las claras y mezclamos también con movimientos envolventes hasta conseguir una textura homogénea.

5. Distribuimos la mousse en vasitos individuales y decoramos con una ramita de menta. Refrigeramos como mínimo 4 horas antes de servir.

Pasta brick rellena de plátano y avellanas

Ingredientes para 4 personas:

Para los saquitos:

- 4 hojas de pasta brick redondas
- 3 plátanos
- 60 g de pasas de Corinto
- 60 g de avellanas
- 50 ml de ron negro
- 2 cucharadas de azúcar

Para la crema inglesa:

- 500 ml de leche
- 100 g de azúcar
- 4 yemas de huevo
- 1 rama de canela
- Cáscara de naranja
- Cáscara de limón

Elaboración:

1. Para preparar la crema inglesa, infusionamos en un cazo la leche con la cáscara de naranja y limón y con la rama de canela. Cuando empiece a hervir, apartamos del fuego, tapamos y dejamos enfriar.

2. En un bol mezclamos las yemas con el azúcar y añadimos poco a poco la leche infusionada, que habremos colado previamente. Batimos hasta que quede todo bien integrado.

3. Pasamos la mezcla a un cazo, lo ponemos a fuego muy bajo y vamos removiendo. Cuando veamos que está a punto de hervir, retiramos del fuego para que no se corte.

4. Reservamos, y cuando la crema inglesa esté fría, la dejamos reposar en el frigorífico unas 5 horas como mínimo.

5. Para el relleno de los saquitos, chafamos un poco los plátanos con el azúcar. Añadimos las avellanas peladas y troceadas y las pasas, que habremos hidratado en ron unos 15 minutos, y mezclamos todo.

6. Distribuimos el relleno en el centro de las 4 hojas de pasta brick, les damos forma de saquito y los cerramos con hilo de cocina. Los colocamos sobre papel vegetal en una bandeja para horno.

7. Cocinamos con el horno precalentado a 200 °C y calor arriba y abajo durante 5 minutos. Después horneamos 7 minutos más con calor solo por abajo.

8. Dejamos enfriar y servimos en un plato hondo sobre una base de crema inglesa.

Peras al vino tinto

Ingredientes para 4 personas:

- 4 peras conferencia
- 1 l de vino tinto
- 150 g de azúcar
- 1 rama de canela
- Cáscara de una naranja
- Cáscara de un limón

Elaboración:

1. En una olla no muy grande, donde más adelante podamos cocinar las peras, echamos el vino, el azúcar, la canela y las cáscaras de naranja y limón.

2. Pelamos las peras conservando el rabito y las incorporamos a la olla cuando el vino empiece a hervir.

3. Tapamos y cocinamos a fuego bajo, procurando darles la vuelta de vez en cuando, durante aproximadamente una hora, o hasta que las pinchemos con un palillo y estén muy blanditas pero no deshechas.

4. Apartamos del fuego y dejamos que las peras se maceren con el vino al menos durante 12 horas.

5. Colamos la salsa de vino, que habrá quedado como un jarabe, la extendemos en la base del plato y colocamos encima las peras. Podemos acompañarlas con una bola de helado de limón.

Profiteroles de nata con chocolate

Ingredientes para 10 personas:

- 160 g de harina
- 100 g de mantequilla
- 250 ml de agua
- 3 huevos
- Una pizca de sal
- 500 ml de nata para montar (35% de materia grasa)
- 60 g de azúcar
- 300 g de chocolate para fundir

Elaboración:

1. En un cazo al fuego ponemos el agua, la sal y la mantequilla. Cuando empiece a hervir, añadimos la harina tamizada y retiramos del fuego. Removemos hasta conseguir que la masa se despegue de las paredes.

2. Dejamos entibiar y añadimos los huevos de uno en uno, integrándolos bien hasta conseguir una textura homogénea, ni muy líquida ni muy espesa.

3. Con la ayuda de una manga pastelera con boquilla rizada, en una bandeja de hornear con papel vegetal, damos forma a los profiteroles, redondos y más bien pequeños. Mojamos un dedo en agua y aplastamos un poquito para que no quede ninguna punta.

4. Con el horno precalentado a 190°C y calor arriba y abajo, cocinamos durante media hora aproximadamente y luego dejamos que se enfríen.

5. Montamos la nata con unas varillas y añadimos el azúcar casi al final. Con una manga pastelera con boquilla alargada rellenamos los profiteroles con la nata por un lateral.

6. Servimos los profiteroles con chocolate derretido por encima.

Rosas de hojaldre y manzana

Ingredientes para 4 personas:

- 1 plancha de hojaldre rectangular
- 2 manzanas rojas
- ½ limón
- 250 g de crema pastelera
- 1 cucharada de mermelada de melocotón
- 2 cucharadas de agua
- Canela en polvo

Elaboración:

1. Cortamos las manzanas en medias lunas muy finas y las reservamos en agua con zumo de limón para que no se oxiden.

2. Extendemos la masa de hojaldre sobre una superficie con harina, la cortamos en 4 trozos rectangulares y los aplanamos un poco con un rodillo.

3. Ponemos una capa fina de crema pastelera sobre los trozos de hojaldre y colocamos en uno de los extremos las medias lunas de manzana, procurando que la parte del corte quede hacia dentro y que sobresalgan bastante del hojaldre.

4. Espolvoreamos con un poco de canela la crema pastelera y doblamos el hojaldre por la mitad, de nuevo procurando que sobresalga parte de los trozos de manzana. Enrollamos la masa para que tenga forma de rosa.

5. Colocamos las rosas en moldes para magdalenas y cocinamos con el horno precalentado a 190 °C y calor arriba y abajo durante unos 25 minutos, hasta que estén un poco doradas.

6. Dejamos enfriar y pintamos con la mermelada rebajada en agua para que queden brillantes.

Semifrío de café

Ingredientes para 12 personas:

- 140 g de galletas
- 70 g de mantequilla
- 30 g de cacao puro en polvo
- 250 g de queso mascarpone
- 400 ml de nata para montar (35% de materia grasa)
- 120 g de azúcar
- 100 ml de café expreso
- 6 g de café soluble (opcional)
- 6 hojas de gelatina neutra
- Chocolate fondant

Elaboración:

1. Trituramos la mantequilla derretida, las galletas y el cacao en polvo hasta obtener una pasta homogénea.

2. En una fuente con papel vegetal colocamos unos moldes en forma de aro de 6 cm de diámetro y ponemos un poco de la masa de galletas en la base, procurando que llegue a los bordes y apretando para que quede lisa. Reservamos en el frigorífico durante media hora.

3. Montamos la nata, que previamente habremos metido en el congelador 10 minutos, y durante el proceso vamos añadiendo el azúcar en varias veces.

4. Hidratamos las hojas de gelatina en agua fría durante 5 minutos, las escurrimos y añadimos el café caliente. Removemos hasta que la gelatina se disuelva y añadimos el queso mascarpone y, si queremos, el café soluble. Mezclamos hasta que todo quede integrado.

5. Cuando la mezcla de café esté fría, la juntamos con la nata con movimientos envolventes.

6. Colocamos unas tiras de papel vegetal alrededor de los moldes y los rellenamos con la crema de café con la ayuda de una manga pastelera. Dejamos reposar en el frigorífico un mínimo de 6 horas.

7. Desmoldamos con cuidado y decoramos con un poco de chocolate derretido antes de servir.

Semifrío de crema de avellanas y queso

Ingredientes para 10 personas:

Para la base:

- 110 g de galletas
- 75 g de mantequilla

Para la crema de avellanas:

- 125 g de crema de cacao y avellanas
- 250 ml de leche
- 65 ml de agua
- 30 g de azúcar
- 10 g de gelatina neutra en polvo

Para la crema de queso:

- 190 g de queso cremoso
- 330 ml de leche evaporada
- 90 g de azúcar
- 65 ml de agua
- 10 g de gelatina neutra en polvo

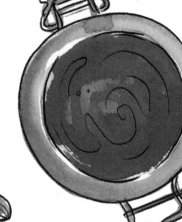

Elaboración:

1. Trituramos las galletas y las mezclamos con la mantequilla derretida hasta conseguir una pasta homogénea.

2. En una bandeja de horno con papel para hornear colocamos unos moldes con forma de aro de unos 6 cm de diámetro o un aro redondo grande. Ponemos la masa de galletas en la base y la aplastamos para que quede compacta y bien distribuida. Refrigeramos como mínimo media hora.

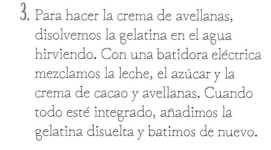

3. Para hacer la crema de avellanas, disolvemos la gelatina en el agua hirviendo. Con una batidora eléctrica mezclamos la leche, el azúcar y la crema de cacao y avellanas. Cuando todo esté integrado, añadimos la gelatina disuelta y batimos de nuevo.

4. Rellenamos los moldes hasta la mitad con la crema de avellanas y reservamos en el frigorífico hasta que cuaje.

5. Para preparar la crema de queso, mezclamos con una batidora eléctrica el queso, la leche evaporada y el azúcar; añadimos la gelatina disuelta en agua hirviendo y batimos de nuevo.

6. Rellenamos los moldes con la crema de queso y refrigeramos hasta que cuajen.

7. Decoramos con un poco de chocolate derretido antes de servir.

Semifrío de yogur con naranja

Ingredientes para 6 personas:

Para la mousse de yogur:

- 4 yogures griegos naturales
- 200 g de nata para montar (35% de materia grasa)
- 115 g de azúcar
- 75 ml de leche
- 4 hojas de gelatina neutra

Para la cobertura de naranja:

- 150 g de zumo de naranja natural
- 40 g de azúcar
- 2 hojas de gelatina neutra
- Naranja confitada (opcional)
- Hojas de menta (opcional)

Elaboración:

1. Calentamos en un cazo la leche y el azúcar y, antes de que rompa a hervir, añadimos la gelatina, que previamente habremos hidratado durante 5 minutos en agua fría. Removemos hasta que la gelatina quede bien disuelta.

2. Vertemos la mezcla en un bol y añadimos los yogures, mezclando hasta conseguir una textura homogénea. Refrigeramos durante 15 minutos.

3. Añadimos la nata a la mezcla y, cuando quede bien integrada, reservamos de nuevo en el frigorífico durante media hora.

4. En una bandeja de horno cubierta con papel vegetal colocamos unos moldes con forma de aro de unos 6 cm de diámetro y los forramos con papel vegetal. Rellenamos con la mezcla anterior sin que llegue hasta el borde y dejamos reposar en el frigorífico durante una hora.

5. Para preparar la cobertura de naranja, hidratamos las hojas de gelatina en agua fría, las escurrimos bien y las añadimos a una mezcla de azúcar y zumo de naranja que habremos apartado del fuego justo antes de que llegase a ebullición. Removemos bien para que se integre todo.

6. Cuando se haya enfriado un poco, cubrimos la mousse de yogur con la gelatina de naranja. Antes de esto, si queremos, podemos colocar unas rodajas de naranja confitada.

7. Reservamos los semifríos en el frigorífico durante un mínimo de 4 horas y desmoldamos y decoramos con una hojita de menta antes de servir.

Tarta Comtessa

Ingredientes para 8 personas:

Para la tarta:

- 500 ml de nata para montar (35% de materia grasa)
- 3 claras de huevo pasteurizadas
- 100 g de azúcar
- 150 g de chocolate para fundir
- 1 cucharada de azúcar vainillado
- Una pizca de sal

Para decorar:

- 250 g de nata para montar (35% de materia grasa)
- Cacao en polvo

Elaboración:

1. Sobre un papel vegetal, pintamos con chocolate derretido unas placas finas del tamaño del molde que vayamos a usar, preferiblemente de silicona y de unos 2 × 12 × 7 cm (nosotros ponemos una plantilla de cartulina debajo del papel vegetal para guiarnos). Hacemos un total de 5 placas y las dejamos reposar en el frigorífico hasta que se hayan endurecido.

2. Montamos las claras a punto de nieve junto con la pizca de sal y a medio proceso añadimos la mitad del azúcar.

3. Hacemos lo mismo con la nata, que previamente habremos dejado enfriar 10 minutos en el congelador, y añadimos el resto del azúcar y el azúcar vainillado, batiendo de nuevo hasta conseguir la textura deseada.

4. Mezclamos la nata y las claras con movimientos envolventes hasta que queden bien integradas.

5. Ponemos una primera capa de nata en el fondo del molde, procurando que todas las esquinas queden cubiertas, y colocamos encima una placa de chocolate. Repetimos el proceso con el resto de las placas y acabamos con una capa de nata lo más lisa posible.

6. Dejamos enfriar en el congelador como mínimo 12 horas.

7. Desmoldamos, decoramos con nata y espolvoreamos con un poco de cacao antes de servir.

Tarta de Santiago

Ingredientes para 6 personas:

- 250 g de almendra molida
- 250 g de azúcar
- 5 huevos
- 1 cucharadita de canela en polvo
- Ralladura de medio limón
- Mantequilla
- Azúcar glas

Elaboración:

1. En un bol mezclamos la almendra, el azúcar, la canela y la ralladura de limón.

2. Añadimos los huevos y removemos hasta que todo quede bien integrado.

3. Untamos con mantequilla un molde de unos 24 cm de diámetro y vertemos la mezcla.

4. Con el horno precalentado a 170 °C con calor arriba y abajo, cocinamos durante unos 30 minutos.

5. Una vez enfriada la tarta, desmoldamos, ponemos una plantilla de la típica cruz de Santiago y espolvoreamos la tarta con azúcar glas.

Tarta mousse de limón

Ingredientes para 4 personas:

Para la base:
- 100 g de mantequilla
- 200 g de galletas

Para la mousse:
- 500 ml de nata para montar (35% de materia grasa)
- 120 g de azúcar glas
- 4 claras de huevo
- 75 ml de zumo de limón
- 1 sobre de gelatina neutra en polvo
- Una pizca de sal
- Ralladura de un limón

Para la cobertura:
- 1 sobre de gelatina de limón en polvo
- 260 ml de agua
- Rodajas de limón

3. En un cazo calentamos el zumo de limón y añadimos la gelatina neutra removiendo hasta que se disuelva. Dejamos entibiar.

4. Montamos la nata y, a mitad de proceso, añadimos el resto del azúcar glas y la ralladura de limón. Una vez tenga la textura deseada, añadimos las claras montadas poco a poco y mezclamos con movimientos envolventes; repetimos el proceso con la gelatina.

5. Vertemos la mezcla en el molde, procurando que quede lo más lisa posible, y dejamos enfriar en el congelador hasta que esté helada.

6. Calentamos en un cazo un poco de agua y las rodajas de limón cortadas muy finitas. Dejamos enfriar.

7. Para la cobertura, calentamos agua en un cazo y, cuando empiece a hervir, añadimos la gelatina. Retiramos del fuego, removiendo para que no se creen grumos, y dejamos entibiar.

8. Decoramos la tarta con las rodajas de limón y vertemos encima la cobertura.

9. Llevamos al congelador y desmoldamos un ratito antes de servir.

Elaboración:

1. Mezclamos las galletas trituradas con la mantequilla derretida y la colocamos en la base de un molde de unos 25 cm de diámetro, apretando bien para que quede compacto. Reservamos en el frigorífico durante media hora.

2. Montamos las claras a punto de nieve junto con una pizca de sal. A medio proceso añadimos la mitad del azúcar glas y seguimos batiendo. Reservamos.

Tarta Tatin de pera

Ingredientes para 6 personas:

- 1 base de masa quebrada redonda
- 6 peras conferencia
- 200 g de azúcar
- 100 g de mantequilla

Elaboración:

1. En una sartén tostamos la mantequilla derretida y el azúcar, removiendo constantemente para que no se pegue, hasta conseguir un caramelo.

2. Vertemos el caramelo en la base de un molde, que habremos untado con mantequilla, y pintamos las paredes hasta la mitad.

3. Pelamos las peras, las cortamos por la mitad, desechando el corazón, y las colocamos boca arriba sobre el caramelo alrededor del molde y en el centro. Rellenamos los huecos con trocitos de pera, hasta que quede totalmente cubierto.

4. Precalentamos el horno a 200 °C con calor arriba y abajo y cocinamos durante 15 minutos. Dejamos entibiar.

5. Pinchamos la masa quebrada con un tenedor y la colocamos con cuidado por encima de las peras, introduciendo los extremos de la masa dentro del molde.

6. Metemos de nuevo en el horno, que habremos bajado a 190 °C, y cocinamos durante 30 minutos más, hasta que la masa quede doradita.

7. Cuando la tarta esté tibia, desmoldamos y le damos la vuelta para que la masa quede en la base.

8. Calentamos la tarta un poco antes de servirla.

Torrijas

Ingredientes para 6 personas:

- 350 g de pan del día anterior
- 50 g de azúcar
- 50 ml de leche
- 2 huevos
- 1 rama de canela
- Canela en polvo
- Cáscara de un limón
- Aceite de oliva suave

Elaboración:

1. Calentamos la leche con la ramita de canela, la ralladura del limón y el azúcar, hasta que hierva. Retiramos del fuego, colamos y dejamos enfriar.

2. Cortamos el pan a rebanadas y lo empapamos por las dos caras en la leche infusionada. Seguidamente, lo pasamos por huevo batido también por las dos caras.

3. Freímos las torrijas en aceite de oliva hasta que se doren. Las rebozamos en una mezcla de azúcar y canela en polvo al gusto y las colocamos en papel absorbente para eliminar el exceso de aceite.

Trufas de chocolate

Ingredientes para 6 personas:

- 250 g de chocolate fondant
- 250 ml de nata para montar
- 50 g de mantequilla
- 2 cucharadas de coñac (opcional)
- Granillo de chocolate
- Cacao en polvo

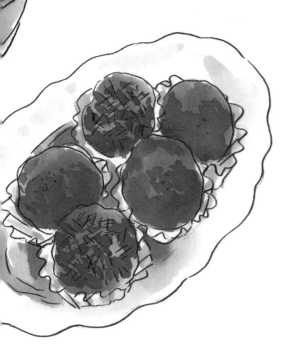

Elaboración:

1. Calentamos la nata a fuego lento sin que llegue a hervir y añadimos la mantequilla.

2. Colocamos la mezcla en un cazo al baño maría y derretimos poco a poco, sin dejar de remover, el chocolate troceado. Retiramos del fuego y, si queremos, añadimos el coñac.

3. Cuando se enfríe, tapamos y refrigeramos durante 3 horas.

4. Damos forma a las trufas y rebozamos la mitad en granillo de chocolate y la otra mitad en cacao en polvo.

5. Reservamos en el congelador y las sacamos unos minutos antes de servir.

PAN

Grisines de queso

Ingredientes:

- 250 g de harina
- 110 ml de agua
- 50 g de queso emmental rallado
- 25 ml de aceite de oliva virgen
- 12 g de levadura de panadero
- 8 g de sal
- Una pizca de azúcar
- Aceite de oliva
- Queso rallado para decorar

Elaboración:

1. En un vaso disolvemos la levadura con el agua y el azúcar.

2. Tamizamos la harina y le añadimos la mezcla de la levadura, el aceite, la sal y el queso rallado.

3. Amasamos hasta que se desprenda de las paredes del bol y tenga una textura un poco dura. Pasamos la masa a una superficie plana y la trabajamos un poco más. Le damos una forma cilíndrica, la tapamos con un paño de cocina limpio y dejamos reposar 10 minutos.

4. Estiramos la masa con un rodillo hasta que quede finita y con forma rectangular. Cortamos en tiras de 2 cm de ancho y las colocamos en una bandeja para horno que habremos untado con aceite.

5. Pintamos los grisines con aceite de oliva y espolvoreamos con un poco de queso rallado.

6. Cocinamos en el horno precalentado a 200 °C con calor arriba y abajo durante 10-15 minutos, hasta que se doren.

7. Dejamos enfriar antes de retirarlos de la bandeja.

Panecillos de hamburguesa

Ingredientes:

- 300 g de harina de fuerza
- 150 ml de leche
- 15 g de leche en polvo
- 30 ml de aceite de oliva virgen
- 10 g de azúcar

- 20 g de levadura de panadero
- 6 g de sal
- 1 huevo
- Semillas de sésamo

Elaboración:

1. Tamizamos la harina y le añadimos la sal, el azúcar, la leche, la leche en polvo y el aceite. Removemos hasta que se integren todos los ingredientes y la masa se despegue de las paredes del bol.

2. Desmenuzamos la levadura y la agregamos a la masa junto con un poquito más de leche. Continuamos amasando hasta que se integre la levadura y pasamos la masa a una superficie de trabajo enharinada.

3. Para amasar a mano, estiramos un poco la masa, le damos un golpe contra la superficie de trabajo, doblamos y giramos un poco la masa. Repetimos el proceso hasta que la masa no se pegue y le damos forma de bola.

4. Enharinamos ligeramente el fondo de un bol, colocamos la masa y la tapamos con un paño de cocina limpio. Dejamos reposar durante 15-20 minutos.

5. Volvemos a amasar un poco, tapamos de nuevo con el paño y dejamos reposar hasta que doble su volumen.

6. Troceamos en porciones de 80 g y les damos forma de panecillo.

7. Colocamos en una bandeja para horno y los dejamos reposar dentro del horno apagado hasta que doblen su volumen.

8. Pintamos los panecillos con huevo batido y espolvoreamos con las semillas de sésamo.

9. Precalentamos el horno a 240 °C con calor arriba y abajo y bajamos la temperatura a 200 °C cuando introduzcamos los panecillos. Horneamos durante 12 minutos.

Panecillos de leche

Ingredientes:

- 500 g de harina de panadería
- 250 ml de leche
- 50 g de mantequilla
- 40 g de azúcar
- 25 g de levadura fresca de panadero
- 20 g de miel
- 25 g de leche en polvo
- 10 g de sal
- 2 huevos

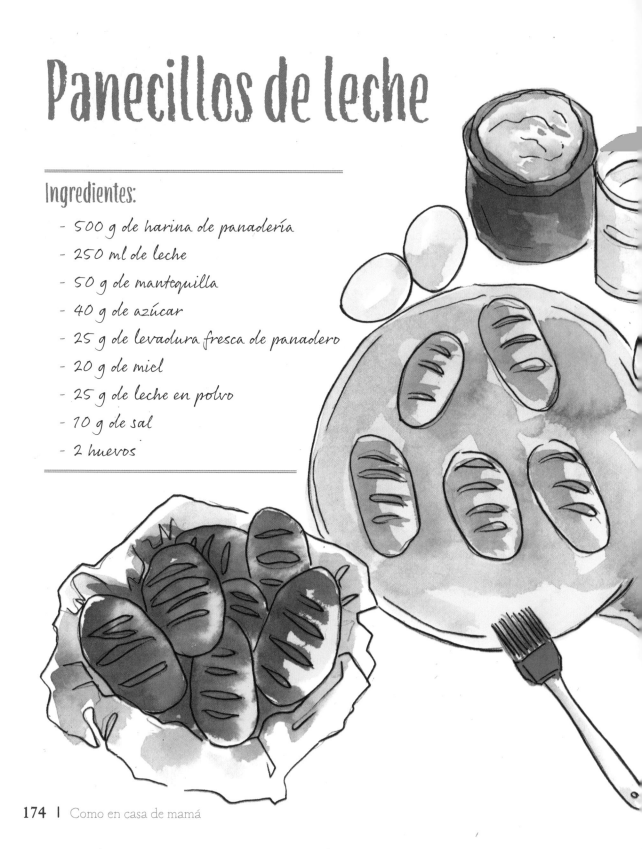

Elaboración:

1. Tamizamos la harina y añadimos la miel disuelta en un poco de leche, un huevo, el azúcar, la sal, la mantequilla a temperatura ambiente y la leche en polvo, también disuelta en un poco de leche.

2. Removemos bien e integramos la levadura desmenuzada y el resto de la leche. Seguimos amasando hasta que se despegue de las paredes del bol.

3. Amasamos sobre una superficie de trabajo unos 10 minutos hasta conseguir una textura suave y lisa.

4. Hacemos porciones de 80 g y formamos bolas. Las tapamos con un paño de cocina limpio y dejamos reposar una media hora.

5. Damos forma a los panecillos aplastándolos ligeramente y enrollando la masa hacia el centro por los dos extremos hasta obtener una forma de barrita.

6. Con la parte de unión hacia abajo, los colocamos en una bandeja de horno con papel vegetal, pintamos con huevo batido y hacemos unos cortes horizontales y profundos en la parte de arriba. Dejamos fermentar hasta que doblen su tamaño dentro del horno apagado.

7. Pintamos de nuevo con huevo y precalentamos el horno a 250 °C con calor arriba y abajo. Bajamos la temperatura a 220 °C al introducir los panecillos y horneamos durante 14 minutos.

Panecillos de queso

Ingredientes:

- 200 g de harina de fuerza
- 200 g de harina de panadería
- 150 ml de agua
- 100 ml de leche
- 80 g de queso parmesano rallado

- 70 g de mantequilla
- 8 g de azúcar
- 8 g de sal
- 7 g de levadura en polvo de panadería
- 1 huevo

Elaboración:

1. Mezclamos los dos tipos de harina, tamizamos y añadimos la levadura, la sal, el azúcar, la leche y el agua. Amasamos hasta que la masa se despegue de las paredes del bol.

2. Traspasamos la masa a una mesa de trabajo lisa y añadimos la mantequilla a temperatura ambiente. Amasamos un par de minutos, añadimos el parmesano y repetimos el proceso.

3. Cuando nos cueste continuar, tapamos la masa con un paño de cocina limpio y la dejamos reposar 10 minutos. Amasamos un minuto más y dejamos reposar.

4. Trabajamos un poco más la masa, hacemos una bola y la dejamos reposar tapada hasta que doble su volumen.

5. Hacemos porciones de 50 g y les damos forma de panecillo. Enharinamos la superficie de trabajo y tapamos las porciones. Dejamos reposar 10 minutos.

6. Colocamos un paño, preferiblemente de lino, sobre una bandeja para horno, espolvoreamos harina generosamente y colocamos los panecillos encima. Dejamos fermentar dentro del horno apagado hasta que doblen su volumen.

7. Enharinamos ligeramente la mesa de trabajo y hacemos una muesca en el centro de cada panecillo. Los traspasamos a una bandeja para horno con papel vegetal, los pintamos con el huevo batido y los espolvoreamos con un poco más de queso rallado.

8. Precalentamos el horno a 200°C con calor arriba y abajo e introducimos los panecillos. Pulverizamos un poco de agua en las paredes del horno y dejamos cocinar durante unos 20-25 minutos.

Panecillos de Viena

Ingredientes:

- 1 kg de harina
- 20 g de sal
- 570 ml de agua
- 35 g de levadura de panadero
- 60 g de mantequilla
- 30 g de azúcar
- 20 g de leche en polvo

Elaboración:

1. Calentamos la mantequilla en un cazo hasta que coja un poco de color y la dejamos enfriar.

2. Tamizamos la harina y añadimos la mantequilla, la sal, la leche en polvo, el azúcar y casi toda el agua. Amasamos durante unos minutos, añadimos la levadura desmenuzada y agregamos poco a poco el agua que habíamos reservado.

3. Continuamos amasando y, cuando se desprenda de las paredes, hacemos porciones de 80 g y les damos forma de bola.

4. Depositamos los panecillos sobre un paño, preferiblemente de lino, que habremos espolvoreado con un poco de harina. Los dejamos fermentar durante media hora y les hacemos las marcas que queramos para decorar.

5. Los colocamos de nuevo sobre el paño, esta vez con las marcas hacia abajo. Los tapamos con un paño de cocina limpio y los dejamos reposar hasta que doblen su tamaño.

6. Engrasamos una bandeja para horno con un poco de aceite y colocamos con cuidado los panecillos con las marcas hacia arriba.

7. Precalentamos el horno a 200°C e introducimos un bol con agua y un paño para aportar humedad a la cocción. Introducimos los panecillos en el horno y pulverizamos un poco de agua. Horneamos durante unos 25 minutos.

Panquemao

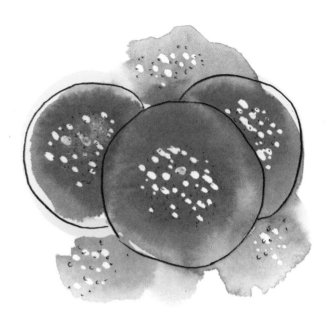

Ingredientes:

- 500 g de harina
- 125 g de azúcar
- 100 g de manteca de cerdo o mantequilla
- 100 ml de leche templada
- 20 g de levadura de panadero
- 15 g de leche en polvo
- 10 g de sal
- 3 huevos
- Ralladura de limón

Elaboración:

1. Tamizamos la harina y añadimos la leche en polvo disuelta en la leche junto con la sal, los huevos, el azúcar, la ralladura de limón y la manteca de cerdo o mantequilla.

2. Empezamos a amasar y a mitad del proceso agregamos la levadura desmenuzada.

3. Cuando todo esté bien integrado, pasamos la masa a una mesa de trabajo que habremos espolvoreado con harina y amasamos de nuevo hasta conseguir una masa bastante elástica.

4. Le damos forma de bola, la colocamos en un recipiente con un poco de harina y dejamos que fermente hasta que doble su tamaño.

5. Hacemos porciones de unos 80 g, les damos forma redonda y las colocamos en una bandeja de horno con papel vegetal. Dejamos reposar dentro del horno apagado hasta que doblen su tamaño.

6. Pintamos con clara de huevo y espolvoreamos con azúcar por encima. Introducimos en el horno precalentado a 200°C con calor arriba y abajo y horneamos durante 25 minutos.

MENÚS

para fechas señaladas

Menú de PASCUA

PRIMERO

Fideos con cigalas y sepia

SEGUNDO

Solomillo de cerdo al Pedro Ximénez

POSTRE

Copa de fresa y mango

ESPECIAL DE PASCUA

Mona de Pascua de chocolate

Fideos con cigalas y sepia

Ingredientes para 4 personas:

- 400 g de fideos gruesos n.º 4
- 400 g de sepia fresca
- 8 cigalas
- 1,8 l de fumet de pescado
- 250 g de cebolla
- 250 g de tomate frito
- 20 g de almendras tostadas
- 2 dientes de ajo
- Aceite de oliva
- Perejil
- Pimienta negra
- Sal

Elaboración:

1. Limpiamos la sepia y reservamos la salsa (la bolsita de color marrón que tiene en la zona de los tentáculos).

2. En una cazuela con aceite sofreímos la sepia cortada en trozos pequeños hasta que coja un poco de color. Añadimos la cebolla picada y rehogamos.

3. Agregamos el tomate frito, la salsa de la sepia y salpimentamos. Seguidamente, echamos los fideos y los sofreímos un poco.

4. Incorporamos el fumet y, cuando los fideos estén casi listos, añadimos una picada de ajo, almendra y perejil.

5. Salteamos ligeramente las cigalas y las añadimos a los fideos. Cocinamos todo junto unos minutos más, agregando más fumet o agua si fuese necesario.

Solomillo de cerdo al Pedro Ximénez

Ingredientes para 4 personas:

- 2 solomillos de cerdo enteros
- 200 ml de vino Pedro Ximénez
- 250 ml de agua
- 50 g de pasas
- 20 g de piñones
- 1 cubito de caldo de carne
- 1 puerro
- 1 cebolla mediana
- 1 zanahoria
- Orégano
- Aceite de oliva
- Pimienta negra
- Sal

Elaboración:

1. Salpimentamos la carne por los dos lados y la espolvoreamos con un poco de orégano.

2. En una sartén grande marcamos los solomillos enteros en aceite de oliva hasta que estén dorados por fuera y crudos por dentro. Reservamos.

3. En la misma sartén retiramos un poco del aceite y lo reservamos, añadimos el Pedro Ximénez y cocinamos a fuego bajo para que se glasee. Reservamos.

4. Incorporamos el aceite donde habíamos marcado los solomillos y que habíamos apartado y sofreímos las verduras a fuego bajo. Cuando estén pochadas, las trituramos junto con el agua.

5. En una cazuela vertemos la salsa anterior y la reducción del vino y añadimos el cubito de caldo de carne. Integramos todo bien y corregimos de sal.

6. Cortamos el solomillo en medallones y lo incorporamos a la cazuela junto con el jugo que haya podido soltar.

7. Añadimos un poco más de orégano, los piñones y las pasas y cocinamos todo junto a fuego bajo durante 10 minutos, meneando la cazuela para que no se pegue.

8. Acompañamos con un poco de arroz hervido.

Copa de fresa y mango

Ingredientes para 6 personas:

- 400 g de fresas
- 400 g de mango troceado
- 250 g de queso mascarpone
- 150 g de queso cremoso
- 200 g de leche condensada
- 50 ml de Cointreau
- 50 g de azúcar
- Zumo de medio limón
- Hojas de menta

Elaboración:

1. Maceramos las fresas cortadas en trozos pequeños con el zumo de medio limón y el azúcar durante 45 minutos.

2. Cortamos medio mango muy pequeñito y la otra mitad la trituramos con el Cointreau. Mezclamos y reservamos.

3. Juntamos los dos quesos, agregamos la leche condensada e integramos todo bien hasta que quede una mezcla muy fina.

4. En unos vasitos individuales ponemos una primera capa de fresas, cubrimos con la crema de quesos y acabamos con una capa de mango.

5. Adornamos con unas hojas de menta y lo reservamos en el frigorífico hasta el momento de servir.

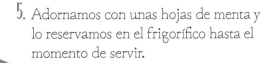

Mona de Pascua de chocolate

Ingredientes para 6 personas:

Para el bizcocho:

- 8 huevos
- 200 g de azúcar
- 200 g de harina de repostería
- 8 g de levadura química en polvo
- Ralladura de medio limón

Para el relleno y la cobertura:

- 200 ml de nata para montar
- 200 g de chocolate fondant
- 250 ml de agua
- 100 g de azúcar
- 30 g de mantequilla
- ½ vasito de Cointreau
- Mermelada al gusto

Para decorar:

- Granillo de almendra
- Nata montada
- Lacasitos
- Figura de mona de Pascua

Elaboración:

1. Batimos los huevos, el azúcar y la ralladura de limón durante unos 8 minutos, hasta que quede muy espumoso.

5. Para el relleno y la cobertura, calentamos el agua y el azúcar en el microondas a máxima potencia durante 3 minutos. Removemos bien y repetimos la operación.

6. Traspasamos la mezcla a un cazo, lo ponemos al fuego y agregamos el Cointreau. Cuando se evapore el alcohol, retiramos y dejamos enfriar.

7. Calentamos la nata y, cuando llegue a ebullición, añadimos el chocolate troceado. Cuando esté bien integrado, añadimos la mantequilla y removemos con una cuchara de madera.

8. Partimos el bizcocho por la mitad, en horizontal, y humedecemos con el jarabe de Cointreau y esparcimos mermelada por toda la base. Tapamos con la otra mitad.

2. Tamizamos la harina junto con la levadura y la integramos poco a poco en la mezcla anterior con movimientos envolventes.

3. Vertemos la masa en un molde de 28 cm de diámetro que previamente habremos untado con mantequilla y espolvoreado con un poco de harina para que no se pegue.

4. Precalentamos el horno a 200 °C con calor arriba y abajo y horneamos durante unos 25 minutos. Antes de sacarlo, comprobamos que esté bien hecho hincando un palillo y dejamos enfriar totalmente.

9. Colocamos el bizcocho en un soporte un poco elevado con una bandeja debajo y vertemos el chocolate encima, alisamos con una espátula y procuramos que los laterales queden bien cubiertos.

10. Decoramos los laterales con granillo de almendra, le damos unos toques de nata, ponemos unos cuantos Lacasitos y colocamos la figura de mona de Pascua en el centro. Además, nosotros hemos añadido unas plumas para pasteles para acabar de decorar.

Menú de
VERBENA DE SAN JUAN

PRIMERO

Langostinos al cava

SEGUNDO

Merluza al horno con gulas y gambas

POSTRE

Semifrío de chocolate con cerezas y mascarpone

ESPECIAL DE SAN JUAN

Coca de brioche de crema

langostinos al cava

Ingredientes para 4 personas:

- 800 g de langostinos
- 500 ml de cava brut o seco
- 150 ml de aceite de oliva
- 30 g de harina

- 6 dientes de ajo
- Perejil
- Pimienta negra
- Sal

Elaboración:

1. Trituramos los ajos troceados, bastante perejil, el aceite de oliva y la harina.

2. Vertemos la mezcla anterior en una cazuela al fuego y, cuando esté caliente, salpimentamos y añadimos los langostinos, a los que les habremos recortado un poco los bigotes. Bajamos el fuego y cocinamos los langostinos un poco por cada lado, hasta que cambien de color.

3. Agregamos el cava y removemos para que se integre bien. Cocinamos unos minutos más a fuego lento hasta que espese la salsa y añadimos un poco de agua si fuese necesario.

4. Servimos con un poco de perejil picado por encima.

Merluza al horno con gulas y gambas

Ingredientes para 4 personas:

- 4 rodajas gruesas de merluza
- 125 g de gulas
- 125 g de gambas peladas
- 4 dientes de ajo
- 2 cayenas
- Aceite de oliva
- Pimienta negra
- Sal

Elaboración:

1. Salpimentamos la merluza y la colocamos en una fuente para horno. Rociamos con aceite de oliva y cocinamos en el horno precalentado a 200°C con calor arriba y abajo durante unos 20 minutos.

2. En una sartén pequeña sofreímos los ajos laminados a fuego muy lento, hasta que se confiten, y añadimos las gambas, las cayenas troceadas y sal. Rehogamos un poco antes de incorporar las gulas y cocinamos todo junto un par de minutos más.

3. Servimos las rodajas de merluza con el refrito de gambas y gulas por encima y salseamos con un poquito de ese mismo aceite.

Semifrío de chocolate con cerezas y mascarpone

Ingredientes para 6 personas:

- 150 g de chocolate fondant
- 125 g de queso mascarpone
- 100 ml de nata para montar (35% de materia grasa)
- 75 g de miel
- 15 cerezas
- 2 claras de huevo
- 1 cucharadita de azúcar vainillado
- Una pizca de sal
- Coñac

Elaboración:

1. Deshuesamos y partimos por la mitad las cerezas y las maceramos en el coñac durante una hora.

2. Derretimos el chocolate al baño maría y pintamos una buena capa en unos moldes de silicona de unos 6,5 cm de diámetro y 3 cm de alto que previamente habremos limpiado con alcohol. Dejamos reposar en el congelador o en el frigorífico hasta que el chocolate se haya secado del todo y repetimos la misma operación.

3. Ponemos al baño maría la miel derretida, la sal y el azúcar vainillado. Añadimos las claras y las integramos bien. Apartamos del fuego y montamos a punto de nieve.

4. Montamos también la nata, que previamente habremos dejado en el congelador 10 minutos, y cuando esté casi lista agregamos el queso mascarpone.

5. Cuando esté todo bien integrado, incorporamos la crema de las claras y mezclamos con movimientos envolventes.

6. Llenamos los moldes hasta la mitad con la mousse y depositamos dentro 3 medias cerezas que habremos colado previamente. Acabamos de rellenar los moldes con la mousse, intentando que quede lo más lisa posible, y dejamos reposar en el congelador durante al menos 3 horas.

7. Unos minutos antes de servir, desmoldamos con cuidado y decoramos con unas cerezas que engancharemos a los semifríos con un puntito de chocolate derretido que habremos reservado.

Coca de brioche de crema

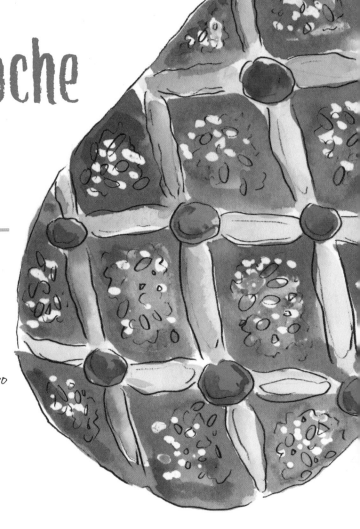

Ingredientes para 8 personas:

Para la masa madre:
- 140 g de harina
- 80 ml de agua templada
- 30 g de levadura de panadero

Para la coca:
- 500 g de harina de fuerza
- 90 g de azúcar
- 90 g de mantequilla
- 75 ml de leche
- 25 g de levadura de panadero
- 10 g de sal
- 3 huevos
- Ralladura de medio limón

Para decorar:
- 500 g de crema pastelera
- Azúcar
- Piñones
- Anís (opcional)
- Fruta confitada (opcional)

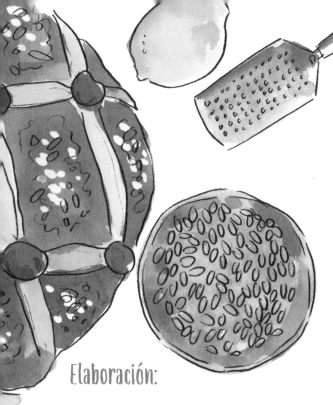

Elaboración:

1. Primero preparamos la masa madre juntando todos los ingredientes y amasando hasta que todo quede bien integrado. Dejamos reposar durante media hora dentro de un bol tapado con un paño de cocina limpio.

2. Una vez haya fermentado y doblado su volumen, añadimos la leche, los huevos, el azúcar, la sal y la ralladura de limón e integramos todos los ingredientes.

3. Añadimos la harina, que previamente habremos tamizado, y amasamos durante 7 minutos. Seguidamente, incorporamos la mantequilla a temperatura ambiente y la levadura desmenuzada y amasamos hasta que se despegue de las paredes del bol.

4. Traspasamos a una superficie de trabajo enharinada y amasamos hasta que quede una masa fina. Le damos forma de bola y la dejamos reposar durante 5 minutos tapada con el paño.

5. Engrasamos con aceite un rodillo y la mesa de trabajo y estiramos la masa hasta darle una forma plana y ovalada.

6. Colocamos la masa con cuidado en una bandeja de horno con papel vegetal y dejamos fermentar dentro del horno apagado durante una hora.

7. Echamos un poco de aceite por encima de la masa y, con las manos engrasadas, le hacemos unos surcos en diagonal y los rellenamos de crema pastelera con ayuda de una manga.

8. Dejamos fermentar de nuevo en el horno apagado hasta que doble su volumen y espolvoreamos con piñones y azúcar. También podemos añadir frutas confitadas.

9. Precalentamos el horno a 250 °C con calor arriba y abajo. Introducimos la masa, bajamos la temperatura a 200 °C y horneamos durante 20-25 minutos.

10. Al sacar del horno podemos pulverizar la coca con un poco de anís. Dejamos enfriar antes de servir.

Menú de
TODOS LOS SANTOS

PRIMERO

Crema de setas

SEGUNDO

Rodaballo al horno

POSTRE

Mousse de mango y chocolate

ESPECIAL DE TODOS LOS SANTOS

Surtido de panellets

Crema de setas

Ingredientes para 4 personas:

- 1 kg de setas variadas congeladas
- 2 l de caldo de carne
- 250 ml de jerez seco
- 2 cebollas
- Aceite de oliva
- Pimienta negra
- Sal
- Parmesano en virutas

Elaboración:

1. Sofreímos la cebolla en una sartén grande con aceite de oliva y, cuando esté transparente, añadimos las setas sin descongelar.

2. Una vez descongeladas, añadimos el jerez y dejamos que el alcohol se evapore. Molemos encima un poco de pimienta y reservamos.

3. Echamos el caldo de carne en una olla al fuego y, cuando esté hirviendo, incorporamos las setas. Cocinamos durante 20 minutos y comprobamos el punto de sal.

4. Trituramos todo bien hasta conseguir una textura muy fina y dejamos reposar unos minutos para que espese un poco.

5. Servimos la crema con virutas de parmesano al gusto.

Rodaballo al horno

Ingredientes para 4 personas:

- 1 rodaballo de 1,3 kg
- 300 ml de fumet de pescado
- 80 ml de vino blanco
- 3 patatas
- 2 tomates maduros
- 1 cebolla grande
- 1 hoja de laurel
- Aceite de oliva
- Ajo
- Perejil
- Pimienta negra
- Sal

Elaboración:

1. En una sartén grande con aceite de oliva freímos a fuego bajo las patatas cortadas en discos, la cebolla en juliana y la hoja de laurel.

2. Cuando estén un poco doradas, las pasamos a una fuente para horno y colocamos encima el rodaballo, que habremos salpimentado por los dos lados, y los tomates en rodajas.

3. Echamos el vino blanco y el fumet de pescado por encima y cocinamos en el horno precalentado a 200 °C durante unos 20-25 minutos. Podemos agregar más fumet de pescado durante la cocción si vemos que se seca demasiado.

4. Antes de servir espolvoreamos con ajo y perejil picado.

Mousse de mango y chocolate

Ingredientes para 10 personas:

- 250 g de mango troceado
- 250 ml de nata para montar (35% de materia grasa)
- 180 g de leche condensada
- 100 g de bizcochos de soletilla
- 30 g de mantequilla
- 30 ml de leche
- 3 hojas de gelatina neutra

- 3 cucharadas de Grand Marnier
- 2 claras de huevo
- 1 cucharada de cacao puro en polvo
- Una pizca de sal
- Zumo de medio limón
- Cacao en polvo

Elaboración:

1. En un bol desmenuzamos los bizcochos de soletilla y agregamos la cucharada de cacao y la mantequilla derretida. Amasamos hasta conseguir una pasta homogénea.

2. En una bandeja con papel vegetal colocamos unos moldes de unos 6 cm de diámetro y ponemos una capa de la masa anterior aplanándola bien. Refrigeramos durante 30 minutos.

3. Trituramos los trocitos de mango con el zumo de limón, la leche condensada y el Grand Marnier. Reservamos.

4. Montamos las claras de huevo a punto de nieve con la pizca de sal y hacemos lo mismo con la nata, que previamente habremos enfriado en el congelador durante 10 minutos.

5. Hidratamos las hojas de gelatina en agua fría durante 5 minutos, las escurrimos y las disolvemos en la leche caliente.

6. Echamos la leche en la crema de mango y, cuando esté todo integrado, añadimos primero la nata y después las claras, mezclándolo todo con movimientos envolventes.

7. Rellenamos los aros con la mousse de mango y dejamos reposar en el congelador como mínimo 6 horas.

8. Sacamos del congelador unos minutos antes de servir, desmoldamos y espolvoreamos con un poco de cacao en polvo para decorar.

Surtido de panellets

Ingredientes para 8 personas:

Para el mazapán:
- 500 g de almendra marcona
- 400 g de azúcar
- 2 huevos
- Ralladura de limón

Para las diferentes variedades:
- Huevo
- Coco rallado
- Piñones
- Almendra picada
- Avellanas
- Café molido o soluble
- Licor de grosella o granadina
- Cacao
- Azúcar glas

Elaboración:

1. Para hacer el mazapán, trituramos las almendras hasta que quede polvo o harina de almendra y añadimos el azúcar y la ralladura de limón. Mezclamos bien e incorporamos uno a uno los huevos hasta conseguir una masa homogénea que se separe de las paredes.

2. Dividimos la masa en las variedades que queramos hacer, la envolvemos en film y la guardamos en el frigorífico durante 12 horas.

3. Para los panellets de piñones, cortamos en trozos pequeños la masa y los sumergimos en huevo batido. Seguidamente, los rebozamos en los piñones, que previamente habremos macerado en huevo durante una hora, apretamos un poco para que queden bien agarrados y les damos forma.

4. Para los panellets de almendra, repetimos el mismo proceso pero con almendra picada en vez de con piñones.

5. Para los de coco, añadimos un poco de coco rallado a la masa y les damos forma.

6. Para la variedad de avellana, damos forma a los panellets y les colocamos una avellana encima.

7. Para los de café, añadimos un poquito a la masa y le damos forma. También podemos hacerlo con cacao en polvo.

8. Finalmente, para la variedad de fresa, añadimos una cucharada de granadina e incorporamos 100 g de almendra molida y 50 g de azúcar glas antes de darle forma.

9. Colocamos los panellets en una bandeja para horno con papel vegetal y los pintamos con huevo. Podemos añadir un poco de azúcar glas por encima a las variedades que no estén recubiertas de frutos secos.

10. Con el horno precalentado a 230 °C con calor solo por arriba horneamos durante 5-10 minutos, procurando que no se tuesten demasiado. Dejamos enfriar en la bandeja y emplatamos.

Menú de
NAVIDAD

PRIMERO

Escudella y carn d'olla

SEGUNDO

Pato a la naranja

POSTRE

Semifrío de turrón de Jijona

ESPECIAL DE NAVIDAD

Turrón de yema tostada

Escudella y carn d'olla

Ingredientes para 6 personas:

Para el caldo:

- 250 g de garbanzos secos
- 400 g de galets
- 1 kg de gallina
- 500 g de jarrete de ternera
- 2 huesos de ternera (rodilla)
- 1 hueso pequeño de jamón
- 1 hueso de espinazo de cerdo
- 300 g de panceta de cerdo

- 300 g de morro y oreja de cerdo
- ½ pie de cerdo
- 1 butifarra negra
- 1 butifarra blanca cocida
- 3 zanahorias
- 3 patatas grandes
- 2 troncos de apio
- 1 nabo
- 1 puerro grande
- 1 cebolla
- ½ col
- Sal

Para las pelotas:

- 250 g de carne picada de ternera
- 250 g de carne picada de cerdo
- 15 g de piñones
- 1 huevo
- Pan rallado
- Perejil
- Ajo
- Pimienta negra
- Sal

Elaboración:

1. Ponemos dentro de una red los garbanzos (los habremos dejado en remojo toda la noche), en otra las verduras y en otra las patatas troceadas.

2. En una olla grande ponemos agua a hervir y añadimos los garbanzos, los huesos y todas las carnes excepto las dos butifarras.

3. Cuando el agua vuelva a hervir, desespumamos la grasa que vaya apareciendo en la superficie. Bajamos el fuego y dejamos hervir durante 2 horas.

4. Añadimos la sal y las verduras, pero reservamos la patata para más adelante. Dejamos hervir y agregamos más agua hirviendo si es necesario.

5. Para la masa de las pelotas, ponemos en un bol el huevo, la sal, la pimienta, y un diente de ajo y el perejil picados. Lo batimos todo e incorporamos la carne picada de ternera y cerdo. Mezclamos bien y añadimos los piñones y el pan rallado. Acabamos de amasar hasta que todo quede bien ligado.

6. Damos forma a la masa hasta conseguir 6 bolas grandes un poco alargadas y las rebozamos en harina.

7. Pasados unos 30 minutos, sacamos de la olla los garbanzos y todas las carnes excepto la gallina, y retiramos también las verduras.

8. Incorporamos al caldo las patatas y las pelotas. Dejamos hervir durante unos 20 minutos vigilando siempre que no falte caldo y agregando agua hirviendo si fuese necesario.

9. Finalmente, añadimos las butifarras, que previamente habremos pinchado con un tenedor para que no se rompan, y hervimos unos 10 minutos más.

10. Colamos y reservamos el caldo y hacemos una sopa con los galets. La servimos en una sopera.

11. Servimos en una fuente las verduras, las patatas y los garbanzos, y en otra, todas las carnes, las pelotas y las butifarras.

Pato a la naranja

Ingredientes para 4 personas:

- 1 pato entero de 1,7 kg
- 4 naranjas
- 100 ml de coñac
- 75 g de azúcar
- 50 g de vinagre de vino
- 60 g de mantequilla
- 2 cubitos de caldo de pollo
- 1 cucharada de agua
- Pimienta negra
- Sal

Elaboración:

1. Pelamos una naranja, la cortamos en gajos y la maceramos con el coñac durante una hora.

2. Salpimentamos y pintamos el pato por dentro y por fuera con la mantequilla derretida, en la que antes habremos desmenuzado los cubitos de caldo.

3. Colocamos el pato en una fuente para horno y le introducimos los gajos de naranja marinados. Echamos por encima la mantequilla y el coñac que haya sobrado.

4. Precalentamos el horno a 200 °C con calor arriba y abajo y cocinamos el pato durante unos 40 minutos. Transcurrido este tiempo, bañamos el pato con el zumo de dos naranjas y con los jugos de la cocción. Tapamos con papel de aluminio y cocemos un ratito más.

5. A continuación, le damos la vuelta fuera del horno y volvemos a hornear tapado.

6. Preparamos un caramelo a fuego bajo con el azúcar y el agua, removiendo constantemente. Cuando empiece a dorarse, añadimos el vinagre poco a poco y cocinamos un par de minutos a fuego muy bajo.

7. Cuando el pato lleve unas 2 horas en el horno, lo pintamos por los dos lados con el almíbar de vinagre y distribuimos unas rodajas de naranja por la fuente.

8. Horneamos 15 minutos más, pintándolo de vez en cuando con los jugos que vaya soltando.

9. Servimos en una fuente, con la naranja y la salsa aparte.

Semifrío de turrón de Jijona

Ingredientes para 12 personas:

- 130 g de galletas
- 70 g de mantequilla
- 300 g de turrón de Jijona
- 600 ml de nata para montar (35% de materia grasa)
- 90 g de azúcar

- 175 ml de leche
- 2 huevos
- 6 hojas de gelatina neutra
- Una pizca de sal
- Almendras laminadas tostadas

Elaboración:

1. Trituramos las galletas y las mezclamos con la mantequilla derretida.

2. En una bandeja con papel vegetal colocamos 12 moldes en forma de aro de unos 6 cm de diámetro y los forramos también con papel vegetal. Ponemos una capa fina de masa de galletas en el fondo y aplastamos bien, procurando que quede lo más lisa posible. Reservamos en el frigorífico durante 30 minutos.

3. Calentamos en un cazo la leche con el turrón troceado y removemos constantemente para que se deshaga bien. Dejamos entibiar.

4. Batimos las yemas de huevo con el azúcar hasta que estén integradas y, aparte, montamos las claras a punto de nieve con la pizca de sal.

5. Echamos poco a poco las yemas en la mezcla del turrón y las calentamos a fuego muy bajo sin dejar de remover. Antes de que hierva agregamos las hojas de gelatina, que previamente habremos hidratado en agua fría durante 5 minutos. Apartamos del fuego y mezclamos bien para que la gelatina se disuelva.

6. Montamos la nata, que previamente habremos dejado enfriar en el congelador durante 10 minutos, y poco a poco agregamos la crema de turrón, ligándolo todo con movimientos envolventes. Repetimos el proceso con las claras.

7. Pasamos la mousse de turrón a una manga pastelera y rellenamos los moldes hasta arriba, dejándolos lo más lisos posible. Espolvoreamos con almendra laminada y dejamos reposar en el congelador como mínimo 6 horas.

8. Desmoldamos unos minutos antes de servir.

Turrón de yema tostada

Ingredientes para 6 personas:

Para el turrón:

- 250 g de almendra molida
- 125 g de azúcar
- 3 yemas de huevo
- 40 ml de agua
- Una pizca de canela en polvo (opcional)
- Ralladura de limón

Para tostar:

- Azúcar

Elaboración:

1. Batimos las yemas de huevo junto con la ralladura de limón y la pizca de canela, si nos gusta.

2. Hacemos un almíbar calentando el agua y el azúcar y removiendo constantemente hasta que todo quede ligado. Dejamos hervir durante 30 segundos y apartamos del fuego.

3. Añadimos en forma de hilo el almíbar a las yemas sin dejar de batir. Agregamos la almendra molida y amasamos hasta que todo quede bien integrado.

4. Traspasamos a una mesa de trabajo y amasamos un poco con las manos.

5. Forramos un molde con papel vegetal y ponemos ahí la masa apretando bien. Tapamos con más papel vegetal y colocamos encima un peso para que el turrón quede compacto.

6. Dejamos reposar durante 2 días en el frigorífico.

7. Desmoldamos, espolvoreamos con abundante azúcar y lo tostamos con un soplete.

NOTAS

NOTAS

NOTAS

NOTAS

AGRADECIMIENTOS

A nuestro hijo Xavier, creador de nuestra página web y encargado de nuestras redes sociales, por su buen hacer y su inestimable colaboración. Gran parte de nuestro éxito ha sido gracias a ti.

A nuestros hijos Albert y Daniel, por su comprensión y el estímulo que siempre nos han dado apoyando todas nuestras iniciativas.

Al resto de los familiares que han tenido que soportar interminables charlas e ideas sobre cómo conseguir que nuestras recetas caseras fueran atractivas y fáciles de elaborar.

A todos nuestros amigos que han sido jueces de este proyecto degustando nuestros platos antes de ser publicados y dándonos consejos por los que siempre les estaremos agradecidos.

A los más de 450 .000 suscriptores en YouTube y a los más de 110.000 que nos seguís en Facebook porque sin vosotros este libro no hubiese sido posible.

A Marta R. Gustems por sus ilustraciones.

Finalmente, nuestro más sincero agradecimiento a Penguin Random House Grupo Editorial, a los equipos de Grijalbo y Rosa dels Vents, y muy especialmente a Joan Riambau y a María Terrén. Gracias a vosotros hemos logrado el sueño de ver publicadas en este libro algunas de nuestras recetas.